# Cabocla do Oriente

## Os Mistérios da Cura

Cissa Neves

# Cabocla do Oriente
## Os Mistérios da Cura

MADRAS®

© 2018, Madras Editora Ltda.

*Editor:*
Wagner Veneziani Costa

*Produção e Capa:*
Equipe Técnica Madras

*Revisão:*
Neuza Rosa
Ana Paula Luccisano
Arlete Genari

---

**Dados Internacionais de Catalogação na Publicação (CIP)**
**(Câmara Brasileira do Livro, SP, Brasil)**

Neves, Cissa
  Cabocla do Oriente : os mistérios da cura/Cissa Neves. – São Paulo: Madras, 2018.
  ISBN: 978-85-370-1064-8

  1. Mediunidade 2. Romance brasileiro 3. Umbanda (Culto) I. Título.

  17-04155                                          CDD-299.672

  Índices para catálogo sistemático
  1. Romances mediúnicos: Umbanda 299.672

---

É proibida a reprodução total ou parcial desta obra, de qualquer forma ou por qualquer meio eletrônico, mecânico, inclusive por meio de processos xerográficos, incluindo ainda o uso da internet, sem a permissão expressa da Madras Editora, na pessoa de seu editor (Lei nº 9.610, de 19/2/1998).

Todos os direitos desta edição reservados pela

**MADRAS EDITORA LTDA.**
Rua Paulo Gonçalves, 88 – Santana
CEP: 02403-020 – São Paulo/SP
Caixa Postal: 12183 – CEP: 02013-970
Tel.: (11) 2281-5555 – Fax: (11) 2959-3090
**www.madras.com.br**

# Dedicatória

Dedico esta obra ao grande Mestre Rubens Saraceni (*in memoriam*) por todos os ensinamentos, apoio e incentivo a mim dedicados, e acredito que esteja zelando por mim em sua vida em espírito.

Dedico também aos meus pais espirituais, pai Laerte Nogiri e mãe Cristina Nogiri, os quais respeito e lhes agradeço por tudo o que fazem por mim; às minhas duas amadas filhas que estão sempre ao meu lado, apoiando-me e a uma grande amiga, Maria Aparecida, por estar presente sempre que preciso de sua ajuda.

# Índice

**Parte I**
Capítulo 1  – O amor de um sábio pai ............................................. 12
Capítulo 2  – O doloroso diálogo com a mãe .................................. 16
Capítulo 3  – As lágrimas que rolam pela dor do abandono ......... 20
Capítulo 4  – Sendo acolhida por uma bondosa e sábia senhora ..... 24
Capítulo 5  – O primeiro ensinamento da bondosa e
sábia senhora .............................................................. 29
Capítulo 6  – A suavidade e intensidade de um primeiro amor ....... 34
Capítulo 7  – Relembrando um dos ensinamentos do velho,
amado e sábio pai ...................................................... 37
Capítulo 8  – As declarações de amor e as leis do matrimônio .... 39
Capítulo 9  – A despedida da aldeia e eternas lembranças .......... 43
Capítulo 10 – Um punhal detalhado em ouro, simbolizando
maioridade e responsabilidade ............................... 46
Capítulo 11 – Novos caminhos e novos ensinamentos ................. 48
Capítulo 12 – A sombra do Senhor Anjo da Morte ....................... 52
Capítulo 13 – Conhecendo o mais belo dos lugares em meio
à natureza ................................................................. 55
Capítulo 14 – O poderoso ritual para o matrimônio ..................... 58
Capítulo 15 – O matrimônio, a dança e fortes emoções .............. 62
Capítulo 16 – O encanto da primeira noite de amor .................... 67
Capítulo 17 – Em meio à límpida e fria água do pequeno
riacho, o amor e o desejo afloram-se ...................... 70
Capítulo 18 – O comunicado da partida ....................................... 74
Capítulo 19 – Fortes emoções na festa de despedida .................. 76
Capítulo 20 – A emoção de uma noite de amor intenso
e especial .................................................................. 80

Capítulo 21 – A presença do Anjo da Morte e o eterno amor
que se despede da vida na carne....................84

Capítulo 22 – A imensa dor ao ver o corpo sendo recolhido
do chão ........................................................87

Capítulo 23 – Amenizando a dor por meio
de novos aprendizados................................90

Capítulo 24 – Guiando a própria vida com fé, amor, bondade
e sabedoria ..................................................94

Capítulo 25 – Um amigo especial, sábio e iluminado ....................97

Capítulo 26 – Um dos mais belos trabalhos de cura....................100

Capítulo 27 – A chegada do amado povo, a especial missão
e os grandiosos momentos ........................103

Capítulo 28 – A última visita ao pequeno riacho e a voz
aguda e taxativa do Senhor Anjo da Morte............106

Capítulo 29 – Partindo para o outro lado da vida em
companhia de dois Sábios Mestres............109

**Parte II**

Capítulo 1 – As últimas palavras do temido Senhor Anjo
da Morte no outro lado da vida ................113

Capítulo 2 – Conhecendo os mistérios do outro lado da vida.......115

Capítulo 3 – Conhecendo os sagrados mistérios nos campos
do conhecimento.......................................117

Capítulo 4 – O poderoso e infinito mistério das águas ................119

Capítulo 5 – As crianças encantadas e seus sagrados mistérios......121

Capítulo 6 – O mais belo dos mistérios e o reencontro no
outro lado da vida.....................................123

Capítulo 7 – Os mistérios da cura de um espírito afim................126

Capítulo 8 – O poderoso e magnífico mistério da fé ....................128

Capítulo 9 – Os poderosos e rigorosos mistérios da evolução
e da Lei atuando juntos em um mesmo campo....130

Capítulo 10 – Os campos dos aprendizados maiores e seus
sagrados mistérios....................................133

Capítulo 11 – A emoção do reencontro de um pai e de uma
filha do outro lado da vida........................136

Capítulo 12 – O resgate nos domínios da esquerda do Criador......139

Capítulo 13 – Conhecendo os sagrados mistérios das espadas.....141

Capítulo 14 – A emoção ao reconhecer o espírito
a ser resgatado ..........................................145

Capítulo 15 – O relato de um espírito curado e a volta dele
para os domínios da esquerda do Criador ............148
Capítulo 16 – Ocupando o grau e degrau diante do Criador ......154
Capítulo 17 – A Sagrada Cabocla do Oriente
e seus poderosos mistérios........................................158

**Anexos**
Oferenda à Sagrada Cabocla do Oriente....................................160
Prece à Cabocla do Oriente..........................................................161
Amaci para limpar a coroa, trazer equilíbrio
e bons pensamentos ......................................................................163
Banho para iluminar, energizar e abrir caminhos ....................164
Chá para trazer a calma................................................................165
Banho para uma boa noite de sono e de proteção espiritual.........166
Agradecimento às Sagradas Divindades e à poderosa
corrente do Povo Cigano do Oriente. .........................................167

# PARTE 1

# Capítulo 1

## O amor de um sábio pai

Quando por essa terra passei, trazendo meu espírito imortal para habitar um corpo carnal em minha última reencarnação, grandes momentos aqui vivi. Meu espírito chegou a este lugar habitando um corpo carnal feminino.

Nasci em uma pequena aldeia muito humilde, sem bens materiais, mas com imensa riqueza vinda da mãe natureza. Fui uma menina muito simples, porém feliz, até que meu pai deixou seu corpo carnal e fez sua passagem para o outro lado da vida. Após esse fato, muitas coisas mudaram em minha existência.

Eu gostava de brincar na natureza, apreciava andar de pés descalços sobre a terra, principalmente quando esta estava molhada formando barro. Adorava ver as enxurradas que eram formadas pelas fortes tempestades e, por muitas vezes, eu saía correndo na chuva para brincar em meio às enxurradas. Achava belo ver aquela água limpinha que caía direto do céu e se misturava com a terra, transformava-se em enxurrada e escorria rápido por onde encontrasse passagem contornando os obstáculos.

Essa passagem da minha infância foi muito importante e também muito marcante em minha caminhada terrena, pois foi por causa do que vivi quando criança na pequena aldeia que aprendi a apreciar, acreditar e respeitar as forças e os mistérios da mãe natureza.

Vivi na pequena aldeia até por volta dos meus 15 anos. Não havia recursos materiais por ali, mas, além das riquezas vindas da mãe natureza, existia muito amor e harmonia entre mim, meu pai e minha mãe. Assim eu acreditava em minha doce inocência de criança!

Meu pai era um senhor já com idade avançada e era o grande amor da minha vida, era o pai que toda criança deveria ter, eu me sentia amada e protegida por ele. Minha mãe era bem mais jovem que meu pai, era muito bela e, apesar de ela me dar broncas por causa de minhas travessuras de criança, eu a respeitava, a amava e me sentia amada por ela também.

Meu pai me ensinava tudo o que para ele era importante eu saber, pois se éramos desprovidos de bens materiais, havia muitas pessoas por ali com necessidades maiores que as nossas, e a esses meu pai me ensinou a respeitar e a ajudar se eu pudesse. Também me ensinou a respeitar e ajudar as pessoas que, por alguma razão, fossem diferentes de mim, mesmo que para isso eu tivesse de ser forte para não deixar transparecer sentimentos de pena, pois esse sentimento não ajuda ninguém.

Em nossa aldeia vivia um menino que era portador de deficiência física. Um de seus joelhos era virado para trás de sua perna e a outra perna era um tanto torta. Eu brincava muito com ele e o respeitava; por várias vezes ele caía tentando se levantar e eu, mesmo não tendo força suficiente, o ajudava como podia. Ele era um pouco menor que eu, mas crescemos juntos por ali e, por várias vezes, deixei de fazer brincadeiras só porque ele não podia me acompanhar por causa da sua deficiência, mas ele trazia consigo um olhar terno e um belo sorriso nos lábios. Não via tristeza em seu rosto por não poder participar de algumas brincadeiras de criança. Sempre seguia à risca tudo que meu velho pai com muito amor e paciência me ensinava, apesar de eu ser ainda uma criança, pois meu pai começou a me dar ensinamentos desde muito cedo, eu prestava atenção em tudo que ele dizia.

Algum tempo se passou e meu velho pai que já tinha uma idade avançada, adoeceu e ficou acamado, para minha tristeza! Eu era muito apegada a ele. Brincava com ele e o chamava de meu velho, e passava minhas mãos em seu rosto coberto por barba quase toda branca. Nesse momento, ele me segurava pelas duas mãos, as beijava e dizia:

– Agora vou lhe passar alguns ensinamentos os quais você levara por toda sua vida.

Era sempre assim, todos os dias ele tinha algo novo para me ensinar. Desde muito pequena eu já sabia ouvir todas as palavras sábias do meu velho, amado e sábio pai.

No tempo em que ele adoeceu e a doença durou um longo período até o dia do seu desencarne, eu precisei deixar muitas das minhas brincadeiras de menina pré-adolescente para ajudar minha bela e jovem mãe a manter nosso sustento.

Havia vários senhores de grandes posses ali pela região, mas que não nos ajudavam em nada, pelo contrário, eles tiravam de nós, pois tudo que colhíamos da terra, grande parte ou quase toda era deles.

Mais um tempo se passou e a doença do meu velho pai agravou-se. Eu sempre estava ao seu lado e, por nenhuma vez, ouvi-o blasfemar, maldizer ou se entristecer por estar doente. Em um fim de tarde, ao chegar do trabalho em nossa humilde casa na pequena aldeia, meus olhos de menina viram uma triste e dolorosa cena: meu velho, amado e sábio pai se despedia de sua vida na carne. Ainda tive tempo de dar-lhe um carinhoso e forte abraço e, entre lágrimas, dizer-lhe o quanto eu o amava e o quanto era importante para mim. Nesse dia, muito chorei e sofri. A tristeza tomou conta do meu coração de menina. Então me lembrei de um dos ensinamentos dele: ele dizia que um ser humano não pertence à terra nem a terra lhe pertence, pois Deus envia um espírito imortal para habitar um corpo carnal por determinado tempo, mas todos os espíritos imortais já vêm com um dia definido por Ele para serem recolhidos e levados de volta para o outro lado da vida. Também é Deus quem determina qual caminho esse espírito que Ele recolheu vai trilhar do outro lado da vida, e esse caminho vai depender da conduta que teve enquanto viveu na carne. Eu ainda era muito jovem para entender com clareza as sábias palavras de meu pai, mas ele, com muito amor, me ensinava pacientemente. Foi me lembrando dessas palavras que me senti mais calma, pois acreditei que se Deus recolheu o espírito imortal do meu velho, amado e sábio pai era porque já era tempo, e como sabia que ele foi o melhor ser humano que eu havia conhecido, acreditei que o caminho dele do outro lado da vida seria o melhor possível, pois na terra ele alegrou os olhos de Deus com seus atos.

Então fui ver se minha bela e jovem mãe precisava de minha ajuda para os afazeres pós-morte do corpo carnal de um ente querido, mas ela já estava sendo ajudada pelos vizinhos da pequena aldeia, meu pai era muito estimado por todos ali.

Passou-se algum tempo após a morte do meu pai e as coisas começaram a mudar por ali. Como já citei, havia senhores de grandes posses na região.

Em certa ocasião, um desses senhores de grandes posses passou a visitar com frequência a nossa humilde casa na pequena aldeia. Eu, de imediato, não me simpatizei com ele, não entendia aquele seu olhar estranho para mim. Não enxerguei nele uma boa pessoa, embora fosse muito jovem para tal discernimento.

O tempo foi passando e cada dia ele se tornava mais presente em nossa humilde casa; sempre que ele chegava, já ia às falas em um dos cantos da casa com minha bela e jovem mãe e ali ficavam por horas. Eu, por várias vezes, dali me retirava por me sentir incomodada e sem saber direito o que estava havendo entre eles.

Nesse tempo, minha bela e jovem mãe estava muito diferente, não conversava comigo, parecia fugir de mim, eu sofria muito com tamanha indiferença. Comecei a perceber que havia muitos alimentos e outros objetos em nossa humilde casa, que não estavam antes de esse senhor de grandes posses passar a frequentar lá.

#### Capítulo 2

## *O doloroso diálogo com a mãe*

Após algum tempo vivendo essa situação desagradável com minha mãe, não consegui mais me calar. Então fui às falas com minha fria e distante mãe, pois era assim que ela estava agindo comigo, com distância e frieza. Entrei porta adentro e não fiz conversa torta; fui direto ao assunto que me levou até ela. Falei:

– Dê-me licença, minha mãe.

Antes que ela falasse qualquer palavra, eu já perguntei:

– O que está havendo que a senhora não conversa mais comigo, não me olha direito e parece evitar-me? O que há entre a senhora e aquele senhor de grandes posses que a visita todos os dias?

Nesse momento, vi seu rosto ficar pálido e, baixando sua cabeça, ela fixou seus olhos sobre o chão, parecia não saber nem como responder às minhas perguntas. Eu a vi sem coragem para me dizer o que se fazia necessário ser dito naquele momento. O silêncio se fez presente entre nós, mas continuei olhando para ela e esperando uma resposta. Digo-lhes que nesse tempo eu já estava passando dos meus 14 anos de idade e, por ser uma menina simples de aldeia, ainda não entendia nem compreendia algumas coisas que aconteciam entre adultos. Continuamos ali paradas, eu esperando uma resposta e ela sem me dizer nada. Após esse silêncio que se fez presente entre nós, minha mãe levantou sua cabeça, olhou-me diretamente nos olhos e começou a falar-me:

– Sei que você é muito jovem para entender-me e compreender-me ou talvez você nunca me entenderá nem me compreenderá. Mas a verdade é que venho mantendo um relacionamento com Giovani, era esse o nome dele, e também quero lhe dizer que não suporto mais essa vida sem recursos e, por isso, vou-me embora daqui e morar com ele em sua mansão; serei uma mulher de posses, pois ele me prometeu casamento. Em breve mudarei para a mansão onde serei uma mulher realizada, rica e feliz. Se bem que mudança, bagagem, eu não tenho quase nada para levar por causa da pobreza que sempre vivi aqui nesta aldeia. Aliás, nem mesmo você eu levarei comigo!

Nesse momento, fui eu quem ficou com o rosto pálido e de olhos fixados sobre o chão. Nesse instante muitas lágrimas rolaram sobre meu rosto de menina.

Mas ela continuou falando:

– Não a levarei comigo, pois já é quase uma mulher e observo como Giovani olha para você e para seu belo e inocente corpo de menina. Se eu levar você comigo, enfrentarei muitos problemas e não é isso que quero para mim; após me livrar desta aldeia, só quero ser uma mulher de posses e ser feliz com Giovani. Mas sempre que ele permitir, venho lhe visitar e trazer tudo de bom e de melhor que o dinheiro possa comprar! Todos aqui desta aldeia a viram crescer e gostam de você, nenhum deles lhe negará auxílio. Não pense que não sofro ao deixá-la aqui, mas no momento é o que eu quero e preciso fazer, pois indo morar e depois me tornar esposa de Giovani, nunca mais precisarei sujar minhas mãos, meu corpo e meus cabelos com essa terra. Se suportei essa vida aqui, foi porque me casei com seu pai quando era ainda menina, por não ter outra opção, e logo em seguida fiquei esperando você, então não tive outra saída a não ser ficar aqui e suportar toda essa pobreza e sujar todos os dias as minhas mãos, meu corpo e meus cabelos com essa terra. Mas agora a vida me deu uma chance e não preciso mais suportar nada disso, mesmo porque você já está criada.

Minha mãe pronunciou essas palavras, voltou seus olhos sobre o chão e calou-se.

Eu dali me retirei sem nada dizer, mesmo porque o que diria diante das amargas palavras pronunciadas por ela? Apenas saí chorando muito. Eu me perguntava: como ela teve coragem para me dizer o que disse? Como ela teria coragem para me abandonar ali sozinha? Essas e muitas outras perguntas eu fiz a mim mesma, mas não encontrava resposta para nenhuma delas. Fui para um canto da aldeia e lá fiquei por muito tempo sofrendo e chorando. Estava me sentindo sozinha e sem saber o que fazer.

Nunca imaginei que era tão difícil para minha mãe viver ali na aldeia, mas na verdade ela não vivia, apenas morava lá. Mas eu, na minha inocência de criança, sempre acreditei que ela era feliz. Assim como eu fui uma menina feliz, também acreditava que ela amava meu velho pai, eu sempre o presenciava tratando-a com carinho e beijando seu rosto. Acreditei até que me amava também.

Pus-me a pensar entre lágrimas rolando sobre meu rosto de menina e a me perguntar:

"Será que minha bela e jovem mãe está certa em querer uma vida melhor para ela? Será que ela tem razões para agir dessa maneira tão fria comigo? Será que não é egoísmo pensar apenas nela e se esquecer de mim? Onde estaria o amor que eu sempre acreditei que ela tinha por mim?"

Muitas perguntas novamente fiz a mim mesma, porém mais uma vez não encontrei respostas. Eu era uma menina simples e inocente, pois nunca me ausentei da pequena aldeia, não sabia nada sobre a vida, tudo o que eu sabia vinha dos ensinamentos do meu velho, amado e sábio pai. Foi então que me lembrei de mais algumas palavras sensatas que ele dizia, quando eu chegava em casa toda molhada e cheia de barro da cabeça aos pés, porque estava brincando na enxurrada e sempre levava bronca da minha mãe que dizia, entre outras palavras, que eu estava inteiramente suja.

Então, meu velho amado e sábio pai retrucava as palavras dela e falava: "Maria Tereza (era esse o nome de minha mãe), a sujeira está no pensamento, nas atitudes e nas palavras das pessoas de má-fé, também existe grande sujeira no coração e nos desejos dessas pessoas". Nesse momento, ao me lembrar das sábias palavras de meu pai, cessaram minhas lágrimas e, em um piscar de olhos, descobri que a sujeira não está na roupa, na pele, nas mãos nem nos cabelos de uma pessoa, então entendi o tamanho da sujeira que estava nas palavras de minha mãe e na sua atitude, pois em nenhum momento ela falou de amor. Ela sequer mencionou que amava aquele homem e que iria morar e se casar com ele por amor. E digo-lhes, do sentimento chamado amor o meu velho, amado e sábio pai falou-me muito e muito me ensinou; para ele, era o mais belo. Ele dizia que nada flui, nada vinga, nada evolui, nada vive se não existir amor, pois junto com o amor vem outros sentimentos nobres e nisso eu realmente acreditava.

    Passou-se algum tempo e chegou o dia de minha mãe ir embora com aquele senhor de grandes posses chamado Giovani, para depois se casar com ele e se tornar uma mulher rica e feliz, assim ela acreditava. Mas nem sempre o que projetamos é o que realmente acontece, pois muitas vezes planejamos e desejamos coisas que não são para serem vividas naquele momento, pois quando o Criador envia um espírito imortal para habitar um corpo carnal na Terra, só Ele sabe o que designou para esse espírito viver.

# Capítulo 3

# As lágrimas que rolam pela dor do abandono

Cheguei à nossa humilde casa na pequena aldeia no fim do dia e percebi as poucas coisas de minha mãe arrumadas em um canto da casa, pois ela partiria logo ao amanhecer. Nessa noite, eu pouco consegui dormir e por muitas vezes minhas lágrimas caíam sobre meu rosto. Muito pensei em como seria minha vida a partir daquele dia, pois mesmo estando distante, fria e não falando direito comigo, ela ainda estava ali e, apesar da sua atitude estar doendo muito em mim, eu a amava e me sentia segura com sua presença. Adormeci quando já era madrugada e, quando amanheceu o dia, me levantei rapidamente, mas quando olhei para o canto onde estavam as poucas coisas de minha mãe, grande foi a minha dor: as coisas dela já não estavam mais lá e ela também não. Ela partiu na madrugada, no momento em que adormeci.

Olhei por todo aquele pequeno espaço que era a nossa humilde casa e vi tudo vazio, mas o maior vazio eu sentia em meu coração, parecia que o chão sumira de meus pés. Abri a porta e me sentei sobre a soleira envelhecida de madeira, que havia sido feita pelas mãos do meu velho pai e ali muito chorei, a tristeza tomou conta de mim. Foi quando se fez presente em minha frente o senhor Sebástian, ele era pai do menino com deficiência física que brincava comigo. O senhor Sebástian acompanhou meu crescimento e era um fiel amigo do meu velho pai. Então, ele me disse:

— Pare de chorar e venha comigo, menina Saraníta (era esse meu nome), você ficará conosco em minha pequena casa, terá sempre um canto nela para a filha do meu grande amigo Vicentino (era esse o nome do meu pai). Seu pai foi um grande homem, humilde, bondoso, caridoso, amoroso e muito sábio. A ninguém ele negou ajuda e seus ensinamentos; todos que precisavam e queriam aprender, ele ajudou e ensinou! Meu amigo Vicentino foi realmente um grande e honrado homem.

Continuou falando:

— Acompanhe-me e não sofra pelas atitudes de sua mãe. Se é que devo chamar essa mulher de mãe! Ela não merece um par de suas lágrimas, pois, na minha opinião, nem as mães da espécie animal abandonam seus filhos por causa de luxo. Perdoe-me, menina, mas é assim que a vejo, uma mulher sem coração e sem nenhum sentimento nobre. Ela não aprendeu nada do que seu pai ensinou a ela, pois, para ela, todos os dias ele tinha uma palavra de ensinamento. Eu não lhe desejo nenhum mal, pois ela por si só está cavando sua própria cova diante da Lei Divina.

Eu muito já havia ouvido meu velho, amado e sábio pai falar sobre as Leis Divinas, falava tanto para mim quanto para minha mãe e para muitos que por lá apareciam para uma prosa com ele. Ele sentava-se do lado de fora de nossa humilde casa, na sombra de algumas árvores que havia por lá em um banquinho de madeira feito por ele mesmo. Ele tinha um cachimbo, que o cabo parecia ser feito de osso, e no copinho que ele colocava fumo com ervas, havia alguns desenhos bem pequenos. Eu adorava vê-lo acender seu cachimbinho e dar início às palavras sábias para ensinar as pessoas que costumeiramente estavam ao seu redor, inclusive eu, desde muito pequena. Gostava do cheiro da fumaça do cachimbo dele, porque tinha ervas cheirosas e, muitas vezes, ele enchia sua boca com a fumaça e soltava em meu rosto só para me ver sorrindo e tentando pegar a fumaça. Coisa de criança!

O senhor Sebástian pronunciou suas palavras ali diante de mim e calou-se por um instante. Eu, que calada estava, permaneci assim por algum momento a mais.

Então, cessaram-se minhas lágrimas, eu me enchi de coragem, levantei da soleira da porta e fixei meus olhos naquele bondoso senhor que ali estava me oferecendo ajuda. Se minha família não dispunha de bens materiais, o senhor Sebástian tinha menos ainda e, além do mais, ele tinha de ter cuidados especiais com seu filho deficiente. Nesse momento, percebi que eu precisava tomar as rédeas da minha vida, mesmo sendo ainda uma menina. Então, fixando meus olhos nos dele, lhe disse:

– Senhor Sebástian, eu muito lhe agradeço, mas é chegada a hora de eu mesma tomar conta de minha vida, pois se o destino assim quis, assim será. Já estou acostumada a trabalhar e, por enquanto, ainda tenho alguns alimentos aqui em minha pequena e humilde casa e vou continuar trabalhando para o meu sustento. Quanto à dor que sinto no mais profundo do meu ser, essa talvez nunca passe, mas vou adormecê-la e congelá-la, é tudo que posso fazer por mim neste momento. Vou seguir minha vida e peço a Deus para não me deixar sentir ódio de minha mãe, pois meu velho pai sempre dizia que o sentimento de ódio destrói tudo de bom que uma pessoa possa ter em seu coração e que o ódio tira o brilho de qualquer sentimento nobre, pois uma pessoa movida por esse sentimento fica cega e não enxerga beleza em nada nem em ninguém. Tudo de que preciso neste momento é enxergar beleza, brilho e luz nas coisas da natureza e nas pessoas à minha volta. Preciso ter bons sentimentos para guiar minha vida daqui por diante, pois nada do que eu fizer trará meu velho, amado e sábio pai nem minha jovem e bela mãe de volta, muito menos a harmonia que um dia eu, na minha inocência de criança, acreditei que existia. Meu pai não voltará mais, pois o anjo da morte incumbido a tal missão pelo Criador recolheu seu espírito imortal e levou para o outro lado da vida. Desse anjo, que o Criador incumbe a missão de recolher os espíritos de todos que deixam seu corpo carnal quando é chegada a hora, meu velho, amado e sábio pai falou-me muito também em seus últimos dias de vida na carne, e eu já tinha um pouco mais de discernimento para entender o que ele dizia. E minha bela e jovem mãe não voltará, pois, por sua ambição desmedida, escolheu ir embora para viver no luxo, maldizendo a terra e a humilde casa que a acolheu, levando com ela apenas o seu egoísmo e sua ambição. Mesmo se ela um dia voltar, não mais me encontrará aqui, embora não creia que ela volte a pisar nessa aldeia onde eu acreditava que ela era feliz. Feliz mesmo só eu fui quando brincava em meio às chuvas e enxurradas, tinha o amor e a proteção de meu pai e não entendia nada do que os adultos faziam, pensavam e sentiam. Sou eu mesma que tenho de tomar conta da minha vida de agora em diante.

O senhor Sebástian me ouviu atentamente e, quando me calei, ele me abraçou fortemente e disse-me:

– Seu pai, onde quer que esteja, está sentindo orgulho de você. É valente e corajosa e também aprendeu muito de seus ensinamentos e, tenho certeza, esses você levará para sempre em sua vida, pois conhecimento é algo que ninguém irá lhe tirar e, quanto a mim, tenho muita admiração por você e lhe desejo tudo o que há de melhor nesse mundo, mas se por ventura precisar da minha ajuda, sabe onde me encontrar.

Disse essas palavras e retirou-se.

Fiquei ali em minha humilde casinha envolvida com meus pensamentos e estava decidida a seguir adiante, mesmo que naquele momento eu não soubesse direito o que fazer; os meus pensamentos se direcionaram todos para meu velho, amado e sábio pai. Como já citei, ele era um homem sábio e bondoso, mas ele nunca dizia que era sábio, ele mostrava que era, pois um homem sábio sabe contornar as dificuldades e fazer delas grandes lições de vida. Muita falta eu sentia dele, de seu carinho, de seu amor, de suas brincadeiras, mas principalmente de seus ensinamentos, pois se eu estava sofrendo naquele instante, com certeza ele teria belas e sábias palavras para me confortar.

# Capítulo 4

## *Sendo acolhida por uma bondosa e sábia senhora*

    Passou algum tempo e as coisas continuaram assim: eu trabalhava durante o dia e só voltava para casa no pôr do sol. Como conhecia todos por ali, não me sentia tão só.

    Havia um povo que, de tempos em tempos, passava ali pela aldeia; era um povo belo, usava roupa colorida, era alegre, feliz, respeitoso, sábio e muito festeiro. Eles tocavam vários instrumentos, dançavam, faziam saborosa comida e bebidas em suas festas. Sempre que ali chegavam, já iam montando suas tendas e ficavam por vários dias, trazendo alegria para todos. Eu cresci vendo esse belo povo ali chegando e, de tempos em tempos, desde muito pequena, gostava de estar perto deles. Ouvia meu pai dizer:

    – Esse alegre povo merece todo nosso respeito, pois além de ter grande sabedoria, é livre de tudo que faz mal ao corpo e à alma. É livre de amarras, de sentimentos negativos e, principalmente, é livre de preconceito. Eles trazem consigo muita fé, alegria, amor e bondade no coração, além de muitas doutrinas. Entre muitos conhecimentos que possuem, são conhecedores dos mistérios da magia e dos encantos.

    Eu, muitas vezes, ainda pequena, me misturava no meio deles e ia dançar com meu jeitinho de criança que mal sabia balançar o corpinho, mas aquela alegria era contagiante até para as crianças. Mas meu pai estava sempre por perto de olho em mim.

Em um desses dias que para mim era comum, pois eu estava levando minha vida como era possível, levantei-me bem cedo para ir para o trabalho ganhar meu pão de cada dia, e avistei chegando aquele belo e alegre povo, já montando suas tendas. Muito contente eu fiquei ao vê-lo, pois já fazia algum tempo que ele não passava por ali. Fui para o trabalho e, assim que cheguei no fim da tarde, fui correndo vê-lo de perto. Já estavam preparando a festa para logo mais à noite, afinando os instrumentos, e os assados já espalhavam seu aroma por toda a aldeia.

Cada lugar que esse belo e alegre povo passava e acampava por algum tempo era assim: eles montavam suas tendas e, na primeira noite da chegada, faziam uma imensa festa com muita música, dança, alegria e comidas saborosas, além de muitas frutas e bebidas preparadas por eles mesmos. Essa festa era para todos que apreciavam e se faziam presentes. Eles usavam belas roupas coloridas e muitos adereços em ouro, tanto as mulheres quanto os homens, os meus olhos brilhavam; cada vez que eu via esse belo e alegre povo chegando me sentia encantada por ele.

Fui me aproximando. Foi quando percebi que uma senhora me observava atentamente. Fiquei um tanto acanhada, eu era uma menina tímida. Ela se aproximou de mim e perguntou-me:

– Como está, menina?

Respondi acanhada:

– Estou bem, senhora.

Ela então começou a falar:

– Lembro-me de você desde que era muito pequena, pois por aqui passamos de tempos em tempos, e todas as vezes eu percebia sua presença em nossa festa. Acredito que uma criança leva alegria para qualquer ambiente que passa e conosco não é diferente, você trazia alegria para nós. Eu gostava de observar você movimentar seu corpinho tentando dançar como uma de nós. Da última vez que por aqui passamos, você não tinha esse tamanho, vejo que se tornou uma bela jovem, e se demoramos mais tempo para aqui voltar é porque foi necessário.

Pronunciou essas palavras e calou-se por um instante ali diante de mim. Calada eu estava e assim permaneci. Assustei-me um pouco com suas palavras, pois nunca imaginei que ela me observava desde que era criança. Após um silêncio entre nós, ela me olhou fixamente nos olhos e disse-me:

— Meu nome é Kalizê, sou eu quem dá a palavra final em todas as decisões tomadas pelo meu amado povo, também sou eu quem decide para onde e quando vamos partir de um lugar para outro, pois não nos apegamos aos bens materiais. A liberdade é nosso lema e todo conhecimento que possuo a mais que eles, eu lhes ensino com amor. Mas digo-lhe: o fato de ser eu quem toma as grandes decisões entre meu amado povo e dá a palavra final em qualquer assunto não me faz melhor, nem superior a nenhum deles. Caminhamos juntos, nos amamos, nos respeitamos e somos uma família; e o fato de eu ter mais conhecimento que eles faz de mim humilde para lhes ensinar, pois sempre que temos mais conhecimento do que nossos irmãos em qualquer campo da vida, temos de ser humildes para transmiti-los, pois é isso que nosso Pai Maior espera de nós.

Quando dona Kalizê se aproximou de mim, ela já sabia da minha atual situação, que meu pai havia feito sua passagem para o outro lado da vida e que minha mãe tinha ido embora, até meu nome ela sabia. Eu apenas ouvia ela falar, pois aprendi com meu velho, amado e sábio pai, que quando uma pessoa está falando com você, deve-se ouvi-la com atenção, pois só assim, quando for a hora de você falar, saberá o que dizer, e se não souber, cale-se, pois algumas vezes o silêncio já é em si as palavras ditas, e é melhor calar-se do que dizer palavras desnecessárias e inoportunas.

Dona Kalizê continuou falando. Ela pegou em uma das minhas mãos e disse-me:

— Acompanhe-me, menina Saraníta, hoje você não vai apenas observar e tentar dançar como uma de nós, como fazia por muitas vezes quando era criança; hoje você vai participar da nossa dança, da nossa festa e de toda a nossa alegria. Venha comigo, vou lhe arrumar umas roupas adequadas para essa ocasião e ficará mais bela do que já é.

Fiquei com o rosto corado ao receber um elogio dela. Continuou falando:

— Tenho aqui entre meu povo e que é parte de nós um rapaz que vai lhe ensinar alguns passos da nossa dança e a beleza, elegância e sensualidade que ela mostra e, após você aprender os passos, a beleza, a elegância e a sensualidade da nossa dança, acredito que você não mais nos deixará por livre e espontânea vontade, pois as únicas magias que lhe prenderão entre meu povo serão a magia do amor, da liberdade, da alegria e do respeito.

Ela foi falando e já me puxando pela mão para caminhar do lado dela, e calada eu a acompanhei. Entramos na tenda e, em seguida, ela pegou uma caixa que se parecia com um baú e de dentro retirou um belo vestido e vários adereços. Ela colocou o belo vestido e os adereços sobre a cama. Digo cama, mas era apenas o lugar onde ela dormia. Essa cama era no chão, bem forrada por um certo tipo de capim e coberta por uma bela colcha de crochê feita pelas mulheres desse povo.

Dona Kalizê pegou o belo vestido, colocou em minha frente e disse-me:

– Vista! Vai realçar ainda mais a sua beleza e, quem olhar para você esta noite, dirá que é uma de nós desde o seu nascimento.

Disse essas palavras e se retirou para que eu me sentisse à vontade para colocar o belo vestido. Não quis pensar em nada naquele momento, tudo que eu queria era vestir aquele belo vestido colorido e tão lindo como nunca havia visto.

-me e me olhei em um espelho que estava ali pendurado sobre uma madeira. Esse espelho era todo revestido com bambu. Esse povo era muito cuidadoso e caprichoso com suas coisas, quase tudo por ali era feito por eles mesmos. Quando me vi no espelho, surpreendi-me com minha própria imagem, eu parecia outra pessoa. Eu era só uma menina, mas naquele momento me senti uma mulher. A partir daquele dia, realmente me tornei uma mulher. Esse belo vestido fazia par com todos os meus atributos físicos, combinava até com meu tom de pele. Eu tinha a pele morena, queimada pelo forte sol do lugar, corpo delicado de menina, rosto suave, olhos grandes e firmes, cabelos lisos, longos e negros, dentro daquele belo e colorido vestido me senti a mais bela das mulheres. Essa foi a primeira vez que eu realmente olhei minha imagem em um espelho, nunca havia dado importância a esse fato. Quando na verdade todos deveriam se olhar em um espelho e se observar, olhar para seu corpo carnal, olhar dentro dos próprios olhos e, por meio deles, enxergar seu espírito e pelo espírito buscar conhecer-se melhor, pois só assim uma pessoa sabe quem ela é, o que pensa, o que sente, como age, como se ama e como ama o próximo. Só dessa forma saberá como buscar seu ponto de equilíbrio para se tornar um ser humano melhor.

Dona Kalizê, ao entrar no local onde eu estava já usando o belo vestido, colocou suas mãos sobre sua boca, fez a expressão de admiração e disse-me:

– Ficou ainda mais bela do que eu imaginei, esse vestido parece ter sido feito sob medida para o seu corpo.

Então ela pegou os adereços que ela havia retirado do baú e colocado em cima da "cama". Em seguida começou a pendurá-los em mim: eram belas pulseiras, colares, anéis e brincos que pareciam ser todos de ouro. Então, ela abriu uma pequena caixa de madeira toda bordada por fora e disse-me:

– Aqui tem algo especial que colocarei em você para realçar ainda mais a beleza de seu rosto e de seus cabelos.

E já foi retirando um belo adereço da caixa e colocando em mim. Esse belo adereço ela colocou em minha testa e prendeu sobre meus cabelos, de forma que uma pequena pedra de cor vermelha ficasse sobre minha testa. Para mim era apenas um belo adorno, para dona Kalizê era algo muito maior! Os meus olhos brilhavam ao ver tanta beleza em tudo o que ela me apresentava, mas a maior beleza estava mesmo em seus gestos para comigo. Como era bondosa aquela senhora!

Após estar devidamente vestida e enfeitada, mais uma vez dona Kalizê olhou-me de modo firme nos olhos e expressou sua admiração e, nesse momento, também pude ver que ela estava emocionada, tive a nítida impressão de que ela já havia me visto vestida daquela forma! Então ela me disse:

– Está pronta para começar a aprender sobre a nossa dança e um pouco da nossa cultura na festa de logo mais. Você será a mais bela aos olhos de todos que aqui estarão presentes, pois, como sabe, todas as vezes que por aqui passamos a nossa festa de chegada é sempre regada por muitas comidas, bebidas, alegria, amor, dança e muitas pessoas, pois todo o povo dessa região nos recebe muito bem e quer assistir à nossa animada e alegre festa.

# Capítulo 5

# *O primeiro ensinamento da bondosa e sábia senhora*

O meu coração, que já estava acelerado de tanta emoção, acelerou ainda mais quando conheci o meu professor de dança.

Dona Kalizê continuou falando:

– Quanto aos seus pés, ficarão descalços sobre o chão, pois é da terra que recebemos as melhores energias e hoje você dançará em solo sagrado, pois, para nós, nossas tendas e objetos são sagrados. Sei que você não entende muitas das palavras que lhe digo, mas aos poucos conhecerá nossos costumes, entenderá minhas palavras e meus ensinamentos e fará bom uso deles, principalmente do nosso amor, magia e alegria de viver que levamos conosco por todos os lugares por onde passamos. A maior riqueza que o nosso Criador nos deixou está presente na natureza, basta que enxerguemos. Quando se sentir enfraquecida, sem energias, entristecida e com pensamentos e sentimentos negativos, vá até um campo aberto, peça licença para entrar, deixe seus pés descalços sobre a terra, espalme suas mãos para cima, feche seus olhos, eleve seus pensamentos ao Criador e busque mentalmente toda energia e a vibração positiva vinda da mãe natureza, busque o equilíbrio para seu espírito, matéria e para seus campos energéticos, sinta o perfume da natureza, faça uma prece, respire e inspire por sete vezes vagarosamente. Após terminar esse ritual energético, agradeça ao Criador e às divindades presentes na natureza, peça licença e se retire. Você se sentirá transbordando de energia e de vontade de viver, terá uma nova visão sobre a vida e sentirá o quanto é grande o amor do Criador para com seus filhos.

Esse foi apenas um dos muitos ensinamentos que dona Kalizê com muito amor e paciência me ensinou, os quais fiz questão de aprender. Ela me pediu licença e se retirou em busca do rapaz de seu povo que seria meu professor de dança. Eu fiquei ali sozinha e mais uma vez olhei-me no espelho, admirei a mim mesma, senti-me muito bela dentro daquele vestido e toda cheia de lindos adereços. Pouco tempo após ter se retirado, dona Kalizê voltou trazendo com ela o rapaz, o meu professor. Foi nesse momento que meu coração acelerou de tal forma que senti até meu corpo sacudir. Até aquele momento, nunca havia olhado para um homem como ele realmente é. Eu olhei para aquele belo moço com os olhos de mulher. Ele me chamou tanto a atenção, que voltei meus olhos rapidamente para o espelho e vi que parecia ter luz neles de tanto que brilhavam. Meu coração acelerou, meu rosto ficou corado, os meus sentidos pareciam ter tomado nova direção, mas mesmo envergonhada com tal sentimento o qual não conhecia, ainda assim não desgrudei meus olhos dele. Olhei para aquele homem como uma mulher olha um quando esse lhe causa sentimentos profundos à primeira vista antes mesmo que ele abra sua boca para dizer qualquer palavra. Foi esse sentimento profundo que ele causou em mim. Ele foi entrando tenda adentro junto com dona Kalizê, ele trazia um instrumento musical nas mãos e dona Kalizê uma bela rosa de cor vermelha tirada da natureza. Dona Kalizê que me perdoe, mas naquele momento eu só tinha olhos para aquele belo rapaz, nem enxergava ela. Eles foram se aproximando de mim e dona Kalizê já foi colocando aquela bela rosa em meus cabelos, dizendo:

– Não pense que essa rosa é apenas para te deixar mais bela!

Enquanto isso, o belo rapaz também não tirava os olhos de mim. Ele posicionou o instrumento musical em seus braços e, antes de dizer qualquer palavra, começou a tocar uma bela e suave canção. Meus ouvidos se deliciavam ouvindo-o tocar. Dona Kalizê estava do meu lado também ouvindo o som daquele delicado instrumento. Esse foi o primeiro momento inesquecível que vivi ao lado dele. Quando o rapaz terminou de tocar a bela melodia, chegou bem pertinho de mim e disse-me com uma voz grave, porém doce:

– Essa bela canção toquei para me apresentar a você!

E já foi estendendo sua mão direita para me cumprimentar. Então, segurando em minha mão direita, ele disse-me:

– Meu nome é Paaulo!

Eu, olhando fixamente em seus olhos, respondi:

– Meu nome é Saraníta!

Ele não soltou a minha mão e também fixou seus olhos nos meus, deixando-me um tanto acanhada. Aquela foi a mais bela, a mais doce e delicada forma de um rapaz se apresentar a uma moça. Então dona Kalizê bateu palma uma única vez e disse-nos:

– Agora vamos dar início aos ensinamentos da nossa dança para a bela Saraníta.

Até aquele dia eu ainda não havia conhecido tamanha emoção, principalmente ao ver aquele belo rapaz e a doce forma como ele se apresentou a mim.

Saímos do local onde estávamos e, em seguida, já entramos no recinto onde eu ia aprender a dançar. Ele já estava todo preparado e enfeitado para a festa de logo mais. Paramos por um instante e observamos aquele lugar lindamente enfeitado para a festa. Foi então que entraram vários músicos integrantes daquele alegre povo e, com seus instrumentos nas mãos, já começaram a tocar para que o belo Paaulo me ensinasse a dançar. Ele começou a movimentar seu corpo diante de mim e pedia que eu fizesse os mesmos movimentos que ele. Fiquei tão acanhada e emocionada, que nem conseguia tirar os meus pés do chão. Foi quando Paaulo, delicadamente, pediu-me licença, pegou em minha cintura e me conduziu aos mesmos movimentos que ele fazia. Nesse momento, achei que eu não ia me segurar de tanta emoção. Tive pensamentos e desejos que nunca havia tido. Meus pensamentos davam nós em minha mente e meu desejo era ficar ali nos braços dele para sempre, com meu corpo juntinho ao dele, envolvidos pelos sensuais movimentos daquela encantadora dança. Enquanto Paaulo suavemente segurava em minha cintura – suavemente, mas com firmeza –, eu, a cada minuto, desejava dançar com ele até o sol raiar e ficar presa em seus braços e nunca mais sair dali.

Após um tempo de dança, eu já estava acompanhando os passos e movimentos, foi quando ele soltou minha cintura e disse-me:

– Continue dançando e esbanjando sua beleza.

Colocou um de seus joelhos sobre o chão e batia palmas em minha frente enquanto eu dançava em sua volta. Senti-me tão leve que parecia que meus pés não estavam sobre o chão, eu me sentia flutuando. Quem olhasse nós dois ali naquela dança, diria que sempre dançamos juntos. Paaulo, ali com seus joelhos sobre o chão, batendo palmas e esbanjando elegância, beleza e muita sensualidade, me fez sentir feliz, emocionada e abençoada por estar em meio àquele alegre, elegante, magístico e sábio povo. A partir desse dia, deixei para trás a tristeza pela morte do meu velho, amado e sábio pai e pelo abandono de minha jovem e bela mãe. Não que eu fosse me esquecer deles, eles eram minhas raízes, e os ensinamentos do meu velho pai eu levaria por toda a minha vida, mas daquele dia em diante seguiria estrada afora com aquele amado povo, pois ele me acolheu com todo amor, e dona Kalizê me ensinou muito sobre tudo o que ela conhecia com muito amor e paciência; a partir daquele dia, eu me tornei sua discípula e ela minha amada mestra.

Meu velho, amado e sábio pai sempre dizia que ninguém aprende tudo nessa terra, e que um ser humano vive toda sua vida na carne e nunca aprenderá tudo que tem para aprender, pois em qualquer lugar do Universo sempre há algo novo que não sabemos, e aquele que diz que tudo sabe ainda está perdido em meio à sua própria ignorância. Eu sempre procurei ser uma boa discípula. E conhecimento cabe em qualquer lugar. Apesar de ser ainda muito jovem, sempre levava a sério tudo o que a mim era ensinado e recebia os ensinamentos com muita gratidão, pois tudo o que aprendia seria útil por toda a minha vida terrena e hoje sei que para minha vida em espírito também, porque tudo o que aprendemos enquanto vivemos na carne, já chegamos predestinados. De alguma forma, já vivemos esses fatos em alguma outra vida e, se temos alguns conhecimentos, quando o Anjo da Morte se fizer presente enviado pelo Criador para recolher nosso espírito imortal que habita nosso corpo carnal, saberemos como utilizá-los no outro lado da vida, assim, não nos perdermos em meio à escuridão das trevas, pois Espíritos de Luz estarão nos aguardando e nos guiando até nosso grau e degrau e, assim, poderemos servir o Criador da forma que Ele designou.

Voltando à dança. Após um tempo ali dançando com muita alegria e emoção, dona Kalizê mais uma vez bateu palmas e pediu aos músicos que parassem de tocar por um instante para que ela pudesse falar. Ela se aproximou de mim, carinhosamente me abraçou e disse-me:

– Está preparada para dançar em nossa festa de hoje! Aprendeu com muita facilidade. Agora vá descansar um pouco, para logo mais encantar a todos os que aqui estarão presentes, pois além de bela, dançou com muita elegância e sensualidade e todos ficarão encantados.

Ela sabia que encantada mesmo estava eu com tudo ali e principalmente com meu belo, alegre, gentil, elegante e sensual professor de dança que, a partir daquele momento, só saiu da minha vida quando o Criador assim determinou e enviou seu Anjo da Morte para recolher seu espírito imortal e levar para o outro lado da vida. Nesse dia, por mais de mil vezes, desejei que o Criador tivesse enviado seu Anjo da Morte para recolher o meu espírito imortal e não o de Paaulo. Mas esse triste fato relatarei mais adiante.

Todos foram saindo a pedido de dona Kalizê, apenas Paaulo não se retirou. Ele se aproximou de mim, suavemente segurou em minhas mãos e disse-me:

– Você é a moça mais bela que meus olhos já viram e tem um doce encanto no olhar, um jeito todo especial de ser. Estou encantado com sua beleza e sensualidade ao dançar.

# Capítulo 6

# A suavidade e intensidade de um primeiro amor

Fiquei acanhada com as palavras de Paaulo, tanto que novamente meu rosto ficou corado. Disse-lhe apenas obrigada. Ele beijou suavemente minhas mãos e se retirou.

Fiquei ali parada olhando ele sair e observando. Como era belo aquele moço! Ele era especial e, após aquele dia, até o momento de sua passagem para o outro lado da vida, ele fez de mim a mulher mais feliz e amada que podia existir. Nesse dia ele usava uma calça larga nas pernas, mas justa nos tornozelos, feita de um tecido leve na cor azul-escura, e na cintura havia uma faixa larga de cor dourada, não usava camisa, apenas um pano de um fino tecido na cor vermelha sobre um de seus ombros, de forma que cruzava seu peito e costas, dando um nó na altura da cintura, deixando um pouco à mostra seus braços fortes e corpo definido pelo peso do trabalho que ele fazia. Na cabeça ele usava um lenço na cor dourada, esse lenço era amarrado em sua nuca de forma que deixava à mostra seus cabelos. Os cabelos dele chegavam até os ombros, eram castanhos tão claros que com os raios do sol ficavam dourados. Esses belos cabelos claros em contraste com uma pele clara, porém queimada pelo sol das estradas, faziam dele o mais belo dos moços, e tudo nele combinava perfeitamente com seus belos olhos cor de mel, os quais me deixaram hipnotizada.

A noite chegou e já estava tudo devidamente preparado para a grande festa, a fogueira já estava acesa, pois esse era sempre o primeiro item da festa a ser preparado; todos já estavam vestidos de forma apropriada para a grande ocasião. Eu já estava me sentindo parte daquele alegre, elegante, sábio e festeiro povo. Entre eles não havia lugar para tristeza, solidão e amarguras.

Muitas pessoas já estavam chegando para apreciar a festa e eu observava tudo com muita atenção, mas sempre procurando com os olhos por onde andava Paaulo, mas ele, após beijar suavemente minhas mãos, retirou-se em seguida, só coloquei meus olhos sobre ele na hora da festa quando entrou com aquela beleza e elegância que só ele possuía, e se aproximando de mim, foi pegando em minha mão e me conduziu ao "palco". Eles haviam construído ali naquele local um espaço grande de madeira com vários detalhes em decoração, como se fosse um "palco", e foi aí que eu e Paaulo demos início à alegre, elegante e sensual dança. Quando ele se aproximou de mim, pegou minha mão e conduziu-me até aquele espaço, minha única alternativa era movimentar suavemente meu corpo delicado de menina vestido de maneira elegante e dançar com muita graça, mostrando para todos os presentes que eu fazia parte daquele maravilhoso povo. Eu e Paaulo dançamos por um tempo sobre aquele "palco", logo em seguida dançamos em meio a todos os que ali estavam presentes que nos aplaudiam com muita alegria. Paaulo segurava em minha cintura e me conduzia à dança sempre me olhando firmemente com aqueles belos olhos cor de mel, deixando-me fascinada e de coração acelerado, apesar de já estar acelerado pelo fervor da dança. Mas o que eu sentia naquele momento era sem igual, era para mim a melhor sensação do mundo; às vezes ele colocava um de seus joelhos sobre o chão e batia palmas no ritmo da canção enquanto eu dançava elegantemente em sua volta. Todos que estavam presentes dançavam também. Foi uma alegria, uma energia muito contagiante. A partir dessa noite, eu realmente passei a ser uma menina alegre e feliz. Mas como nenhum ser humano sabe o que o Criador escreveu para ele viver na carne, então, tempos após essa inesquecível noite, novamente me entristeci. Isso se deu quando, com meus olhos que habitavam em meu corpo carnal, puder ver nitidamente a imagem do Anjo da Morte se aproximando do meu grande amor.

Entre os incontáveis mistérios divinos existe um em que uma pessoa algumas vezes tem a permissão do Criador para enxergar uma divindade por meio dos olhos humanos. Mas, para enxergá-la, esse ser humano precisa estar em equilíbrio e em harmonia consigo mesmo, com o Criador e com a criação e estar buscando sua evolução espiritual. Pois, se esse ser humano o qual o Criador presenteou com o dom da visão não estiver em equilíbrio, em harmonia, tendo pensamentos e sentimentos negativos e não buscar sua evolução espiritual, eu hoje, sendo conhecedora de poderosos mistérios divinos, lhes afirmo, não será uma divindade que verá, muito menos espíritos iluminados. Afirmo-lhes também que o Anjo da Morte não é um ser maligno como muitos por ignorância pensam.

# Capítulo 7

# Relembrando um dos ensinamentos do velho, amado e sábio pai

Voltando à festa. Eu, Paaulo e todos os que lá estavam festejamos e dançamos quase até amanhecer. Já era alta madrugada quando se retiraram os últimos dos que estavam presentes e a festa parecia ter chegado ao fim. Foi então que dona Kalizê chamou a mim e a Paaulo e disse-nos:

– Quero vocês dois agora neste espaço, pois eu e todo nosso povo vamos observar e apreciar a energia composta por vocês enquanto dançam.

Nesse momento me senti amedrontada e me perguntei: será que dona Kalizê percebeu algum sentimento de minha parte por Paaulo e não gostou? Será que ela não mais me queria entre eles? Sei que nesse instante perdi um pouco do brilho dos meus olhos. Foi então que me lembrei de mais um dos ensinamentos de meu velho, amado e sábio pai. Ele dizia que, ao se deparar com tudo e com todos que desconhecemos, não devemos ter medo, pois o medo é um sentimento que atrasa a evolução material e espiritual do ser humano. Ao invés de ter medo do que é desconhecido, tenha respeito e precaução; isso já é o suficiente para obter sucesso.

Eu não sabia o porquê daquela atitude da dona Kalizê ao pedir que eu e Paaulo dançássemos sob sua observação e de seu povo, esse fato era desconhecido para mim. Mas me lembrando dessas palavras de ensinamento do meu pai me fortaleci e subi naquele "palco", dei o meu melhor naquela dança, mas com todo respeito e precaução.

Dancei com Paaulo como se já dançasse com ele minha vida toda, e todas as vezes que durante a dança ele segurava firme em minha cintura e me olhava nos olhos com aqueles belos olhos cor de mel, meu coração, de tantos batimentos, parecia que mudava de posição. Sei que nesse momento ficava claro para a sábia dona Kalizê e para todos de seu povo o forte sentimento que já existia entre mim e Paaulo, pois os sentimentos dele não eram diferentes dos meus. Mesmo eu não tendo nenhuma experiência com o sexo oposto, sabia de seus sentimentos por mim, por meio de seus gestos e do brilho de seu olhar quando estava perto de mim. Embora dona Kalizê já soubesse do forte sentimento entre nós, ali observando a nossa dança, ela teve a confirmação desse fato.

Após um tempo de dança, dona Kalizê mais uma vez bateu palmas e pediu para parar a música; o silêncio se fez presente naquele momento. Ela pediu que eu e Paaulo déssemos as mãos, o que para mim não foi nenhum sacrifício. Também pediu que nós olhássemos para ela e para o povo que ali estava em nossa volta nos observando. Quando de mãos dadas eu e Paaulo fixamos nossos olhos em dona Kalizê e em seu amado povo, todos, em um único gesto, espalmaram suas mãos direitas acima de suas cabeças em nossa direção; dona Kalizê começou a falar e todo seu povo repetia suas palavras:

– Paaulo e Saraníta, vocês têm a nossa permissão e a nossa bênção para darem início hoje a uma das belas e intensas histórias de amor já vividas entre nosso povo. O grande Senhor, Pai de todos nós, já escreveu no Livro Sagrado de suas vidas tudo o que viverão juntos nesta encarnação. Digo Livro Sagrado porque a vida é sagrada.

Pronunciou essas palavras e ela e todo seu povo que ali estava colocaram suas mãos direitas sobre seus peitos; mais uma vez dona Kalizê falava e todo seu povo repetia:

– Que todas as Divindades e Seres de Luz abençoem esse amor e que vocês vivam felizes até o dia em que o Criador permitir, que todos os dias de suas vidas sejam de amor e alegria.

# Capítulo 8

# As declarações de amor e as leis do matrimônio

Eu estava muito emocionada e acanhada com os acontecimentos, mas digo-lhes: não senti medo e tive a impressão de já ter vivido momentos iguais àqueles.

Dona Kalizê pronunciou mais algumas palavras, entre elas disse-nos:

– Eu e meu povo vamos nos retirar para que conversem como noivos que agora são, embora Paaulo ainda não tenha oferecido a Saraníta uma joia em ouro para que selem esse amor. Mesmo que eu saiba que esse amor já está selado desde que nasceram, conversem respeitosamente, pois sei que conhecem nossas leis do matrimônio. Logo mais voltarei aqui, pois é necessário.

Digo-lhes: as tais leis do matrimônio para aquele povo eram leis sagradas. O homem deveria respeitar sua futura esposa de todas as formas e zelar pela integridade e pureza dela. Ele jamais deveria beijá-la com desejo excessivo e nunca percorrer suas mãos sobre o corpo dela nem falar sobre sexo, pois uma mulher para se tornar esposa de um homem daquele povo tinha que ser pura de corpo e de alma. Eu já me sentia lisonjeada em me tornar esposa de Paaulo.

Esse amado povo não era contra o ato sexual, nem contra as carícias excessivas e provocantes entre um casal, mas isso só após o matrimônio, e nenhum deles desrespeitava essas leis. Um povo alegre, feliz e livre de preconceitos jamais iria excluir de seu meio um ato que fortalece a vida e enriquece os relacionamentos entre os casais como é o sexo. Mas, para dois jovens desse amado povo como eu e Paaulo, a regra do casamento era respeitar as leis do matrimônio e foi o que fizemos. Após o matrimônio, um casal deveria se amar da forma que desejasse e que se permitisse, e lhes digo que eu e Paaulo nos permitimos muitas noites de amor, alegria, desejo e muito sexo. Embora o sexo seja mal compreendido e mal usufruído pelos encarnados até os dias de hoje.

Todos se retiraram e ficamos eu e Paaulo a sós. Meu rosto estava rubro de timidez, achei que nem saberia o que dizer. Ele segurou em minhas mãos e as levou até sua boca, suavemente as beijou e deu um sorriso que para mim foi o sorriso mais lindo, mais iluminado, cheio de amor e de vida que podia existir. Não encontrei palavras para descrever o que senti naquele momento, apenas senti. Então ele falou-me:

– De hoje em diante e pelo restante de minha vida viverei por nós dois e farei tudo o que eu puder para vê-la feliz, quero ser merecedor do seu amor. A você vou dedicar-me por inteiro e a tomarei em meus braços e a amarei com todo meu desejo de homem, mas colocarei sempre à frente dos meus desejos o amor e o respeito por você. Tomarei todo cuidado para não a ferir, nem com atos nem com palavras. Também cuidarei para que não deixe de me amar e de sentir desejos em estar comigo. Quando meus olhos a viram pela primeira vez, tive a impressão de já a conhecer desde que a essa terra cheguei. Meu coração acelerou, o meu corpo ficou trêmulo e os meus sentidos me disseram que você seria a primeira, única e última mulher da minha vida.

Eu a tudo ouvia calada, mas sempre com meus olhos fixos aos belos olhos cor de mel dele. Quando Paaulo terminou de pronunciar essas belas e doces palavras, que qualquer mulher do universo gostaria de ouvir de seu homem amado, dona Kalizê voltou até onde estávamos e veio trazendo algo muito precioso em suas mãos. Nesse momento a lua já estava se retirando para que o sol mostrasse sua beleza. Ela trazia uma bela rosa, na cor rosa, colhida da natureza e molhada pelo orvalho da madrugada. Entregou a bela rosa a Paaulo, a qual ele pegou com as duas mãos. Então ela disse:

– Deveríamos organizar uma outra alegre e contagiante festa para esse momento, mas não podemos perder tempo, pois entre vocês o tempo é precioso.

Paaulo retirou de dentro da bela rosa a mais encantadora joia que meus olhos já viram. Ele pegou em minha mão, olhou fixamente em meus olhos, colocou em meu dedo anelar aquela bela joia e disse-me:

– Esse anel sela todas as palavras que acabei de lhe dizer e sela também os meus puros e sinceros sentimentos por você.

Era um anel todo trabalhado em ouro e com uma pedra de rubi que brilhava junto com o brilho de meus olhos. Como era bela aquela joia em forma de anel! Minha emoção foi tanta, que minhas pernas bambearam e, mesmo com a presença de dona Kalizê que permaneceu ali nos olhando, eu consegui dizer algumas palavras. Eu disse-lhe:

Obrigada por suas palavras e por essa bela joia; saiba que o valor dela para mim não está no ouro que ela contém nem na bela pedra de rubi, mas em nosso amor representado por ela. E digo-lhe: farei tudo o que estiver a meu alcance para ser uma boa esposa para você, mas não quero ser apenas sua esposa, quero ser sua companheira, sua amiga e sua confidente. Quero ser também a mulher que você ama todos os dias de nossas vidas. Quero esperá-lo todos os dias com sorriso nos lábios e coração acelerado de amor e desejo por você, mas também colocarei sempre à frente e, em primeiro lugar, o amor e o respeito que desde já lhe dedico.

Digo-lhes, que o desejo da carne entre mim e Paaulo já se fazia presente com muita intensidade, pois, apesar da rapidez dos acontecimentos, já tínhamos um forte sentimento um pelo outro e, em meio a este alegre, festeiro, elegante e magístico povo, o desejo da carne de um homem por uma mulher e de uma mulher pelo homem não era tabu, nem poderia ser, pois esse povo vivia de amor e pelo amor. O desejo da carne entre homens e mulheres e entre todos os seres viventes sempre se fez e se faz presente. Mas, para aquele amado povo, o amor e o respeito vinham sempre à frente do desejo da carne. Com base nesse fato, eu e Paaulo respeitamos as regras e não nos tocamos com intensidade até o dia do nosso matrimônio, pois éramos jovens e apaixonados; se nos tocássemos com intensidade, facilmente perderíamos a razão e, com isso, íamos desrespeitar uma regra que, para eles, era de suma importância. Não apenas por sermos jovens poderíamos perder a razão se nos tocássemos com intensidade, mas em qualquer idade se um homem e uma mulher estiverem envolvidos por algum sentimento, se se tocarem com intensidade, perderão facilmente a razão e o desejo da carne falará mais alto.

Durante todo tempo que conversamos, Paaulo segurava em minha mão contendo a bela joia e me olhava fixamente nos olhos. Quando terminei de corajosamente dizer-lhe as palavras que eram necessárias serem ditas naquele momento e que vieram do fundo do meu ser, ele beijou docemente a minha testa e foi se retirando. Dona Kalizê deu-me um carinhoso abraço e disse-me:

– Vamos correr com os preparativos do casamento, pois não podemos perder tempo e você, a partir de hoje, já é um membro do nosso povo, da nossa família e, embora o matrimônio não seja realizado aqui na aldeia, precisamos nos apressar.

Disse essas palavras e também foi se retirando. Eu não entendia o porquê de ela dizer que não podia perder tempo, que precisa se apressar com os preparativos do matrimônio, mas esse fato só fui entender no dia em que minha única opção era chorar desesperadamente ao encontrar o corpo do meu amado já sem vida na carne sobre o chão.

Retirei-me dali também e todos nós fomos repousar um pouco, pois o dia já mostrava sua claridade.

# Capítulo 9

## *A despedida da aldeia e eternas lembranças*

Após termos repousado, cada um foi para seus afazeres, pois todos os membros daquele amado povo tinham sua tarefa e, como eu já era membro deles, também tinha a minha, a qual desempenhava com muita dedicação, mesmo porque sempre trabalhei e não tinha medo de trabalho.

Passou algum tempo e foi chegado o dia de partirmos por outras estradas e outras terras, pois já estávamos tempo demais por ali e, para esse sábio, bondoso e amado povo, as estradas eram sua esperança, a terra era sua casa e a liberdade era sua companheira. Um povo que respeitava o Criador e a criação, acreditava nas forças da natureza, buscava conhecimento onde quer que estivesse e a magia fazia parte de seu dia a dia. Como foi gratificante viver entre eles e aprender tudo que com muito amor e paciência me foi ensinado.

Logo pela manhã daquele dia, começamos a arrumar as bagagens para partimos ao anoitecer. Eu e Paaulo estávamos sempre por perto um do outro em nossos afazeres e, sempre que era possível, trocávamos olhares e sorrisos apaixonados.

A tarde já estava se aproximando, foi quando fui procurar dona Kalizê para lhe pedir permissão para ir pegar alguns pertences pessoais em minha humilde casinha e me despedir das pessoas que conviveram comigo ali na pequena aldeia, mas principalmente do bondoso e fiel amigo do meu pai, o senhor Sebástian.

Dona Kalizê me deu a permissão e pediu que Paaulo me acompanhasse, o que, para ele, não foi nenhum sacrifício. Pedi-lhe licença e me retirei. Paaulo já estava logo adiante me aguardando, então juntinhos de lá saímos.

Despedi-me de todos os que conviveram comigo e conheciam minha história, e seguimos para a pequena e humilde casa do senhor Sebástian para me despedir dele. Quando fomos chegando ele já nos avistou, veio ao nosso encontro com toda sua meiguice de um velho senhor e de braços abertos para me abraçar. Ao chegar próximo a mim, ele me abraçou fortemente com muito carinho. Nesse momento senti muita falta do meu velho pai, pois ele sempre que me via chegando vinha de braços abertos para me abraçar e dizer suas sábias palavras. Nesse momento, lágrimas rolaram sobre meu rosto, mas respirei fundo e dei início à despedida. Então eu disse ao senhor Sebástian:

– Agradeço-lhe por todo carinho e cuidados que o senhor me ofereceu e pela amizade fiel e sincera que teve pelo meu velho pai; peço ao meu Criador que o abençoe sempre e lhe dê saúde e coragem, pois o senhor é um ser humano bondoso e de grande valia. Hoje venho me despedir do senhor, pois partirei junto com esse amado povo que aqui chega de tempos em tempos, já me tornei membro deles e farei parte da alegria, da elegância, do amor, da bondade e do respeito que eles trazem. Agora lhe apresento esse belo rapaz que está aqui do meu lado: este é Paaulo, um membro do amado povo com quem partirei e em breve me tornarei esposa dele.

Nesse momento o senhor Sebástian estendeu sua mão direita a Paaulo, segurou fortemente a mão dele e falou:

– Entre muitos que estavam presentes na bela festa de vocês, estava eu. Presenciei a dança e tudo de belo e mágico que houve entre vocês dois e todo seu povo, mas lhe peço, meu rapaz, tenha zelo por essa menina, tenho muito apreço por ela; eu a vi nascer e crescer, também fui um grande e fiel amigo de seu pai. Com ele aprendi muito sobre a vida. Essa menina é corajosa, trabalhadora, íntegra e, convivendo ao lado dela, verá o quanto Saraníta é especial. Portanto lhe peço que zele por ela e não a magoe, nem a faça chorar, pois o espírito imortal de seu pai está zelando por ela do outro lado da vida, além de grandes espíritos de luz que se fazem presentes o tempo todo do lado dela.

Pronunciou essas palavras o tempo todo segurando a mão de Paaulo e olhando fixamente em seus olhos.

Desde muito pequena, ouvia meu velho pai falar sobre os espíritos de luz e da presença deles ao meu lado. Ele dizia que a presença desses espíritos de luz seria oculta aos meus olhos até que eu crescesse física e espiritualmente, só assim eu poderia enxergar alguns deles e sentir a sua presença da forma que eles são. Eu não entendia bem as palavras de meu pai, por ser ainda pequena, mas ouvindo as palavras do senhor Sebástian me lembrei das palavras dele sobre os espíritos de luz e, com isso, me senti mais segura e, a partir daquele dia, passei a prestar mais atenção em tudo e em todos à minha volta e a observar tudo que acontecia em minha vida.

# Capítulo 10

## *Um punhal detalhado em ouro, simbolizando maioridade e responsabilidade*

Paaulo respondeu ao senhor Sebástian:
— Fique tranquilo, senhor, ela estará comigo e com meu povo, eu zelarei e farei tudo por ela. Ainda sou jovem, mas já tenho minhas responsabilidades de homem e, como o senhor pode ver, já recebi o meu punhal detalhado em ouro, o qual não estaria com ele se não fosse já um homem e nem tivesse preparado para as realidades da vida.

O punhal detalhado em ouro ou uma joia valiosa ou uma adaga em ouro só era entregue a um homem daquele amado povo quando ele era considerado adulto, isso simbolizava sua maioridade e responsabilidade. Paaulo já havia recebido seu belo punhal há algum tempo, o qual ele trazia com muito orgulho em sua cintura.

Quando estávamos nos retirando da pequena e humilde casa do senhor Sebástian, ouvi uma voz me chamar. Então voltei meus olhos para atender ao chamado, era o filho do senhor Sebástian, o que era portador de uma deficiência física, o qual já citei. Ele me chamava para se despedir. Corri até ele, o abracei fortemente e lhe desejei toda sorte do mundo. Ele não foi nem era um ser triste por ser portador de uma deficiência física, trazia sempre um olhar terno e um belo sorriso nos lábios, como mencionei. Ele também me desejou sorte e dali eu e Paaulo nos retiramos.

Na volta para o acampamento foi que passamos em minha humilde casinha para pegar alguns pertences pessoais. Paaulo ficou na porta enquanto entrei. Ao entrar, senti meu coração doer, fiquei um tempo ali parada observando cada canto e me lembrando de tudo o que ali vivi. Mas logo me despertei de minhas lembranças e saí em seguida cheia de coragem para minha nova vida. Estava me despedindo e deixando para trás apenas a minha aldeia e não as minhas lembranças, pois se nos últimos tempos ali sofri com a morte do meu velho, amado e sábio pai e pelo abandono de minha jovem e bela mãe, eu também fui uma criança feliz. Além de levar comigo as minhas recordações, eu também levaria os muitos ensinamentos do meu velho pai e, em um deles, ele dizia que uma pessoa sem lembranças é uma pessoa sem brilho e sem esperanças.

Paaulo caminhou junto a mim o tempo todo e sempre respeitosamente segurando em minha mão e eu, mesmo com o coração apertado pela despedida, me sentia muito feliz por estar com ele e por mais tarde me tornar sua esposa.

Ao chegarmos ao acampamento, fomos logo avisar dona Kalizê que já estávamos presentes, pois por ela tínhamos muita admiração e respeito. Então, dona Kalizê disse-nos:

– Logo ali adiante – e apontou com seu dedo indicador – há alguns tonéis com bebidas preparadas com frutas, água limpa e benzimentos, quero que bebam um pouco agora que é para adquirir energias e vibrações positivas, para logo mais pegarmos a estrada e seguirmos adiante. Vamos levar conosco essas bebidas para tomarmos sempre que nos sentirmos indispostos e sem energia.

Eu, após esse dia, nunca mais me senti indisposta e sem energia, pois água limpa e fruta qualquer pessoa conhece, mas o amor, a magia e o benzimento que eram colocados nessa bebida poucos conheciam, mas tudo isso dona Kalizê também me ensinou.

# Capítulo 11

## Novos caminhos e novos ensinamentos

Chegou o momento de partirmos. Dona Kalizê pediu que todos se colocassem de joelhos sobre o chão para que fizéssemos uma prece. Ela rezava a prece e todos nós repetíamos. Era de costume desse amado povo rezar uma prece sempre que partiam de um lugar para o outro. Era uma prece de agradecimento a todas as divindades que ali os acolheram, mas era dedicada principalmente às divindades do tempo.

Após esse dia eu, junto desse amado povo, participei de muitas preces, oferendas e magias que eram dedicadas às sagradas divindades do tempo. Não só participei como também pude aprender todas que dona Kalizê achou necessário me ensinar. Houve um dia em que entre várias palavras de ensinamentos, ela me falou:

– Mais uma vez eu voltei à carne e, agora, vim para estar com você, menina Saraníta, para ajudá-la a alcançar sua evolução nesta sua vida terrena e também para ensiná-la tudo o que o Criador me designou. E digo-lhe, não foi por acaso que por sua aldeia passamos de tempos em tempos enquanto você crescia. Você, desde que era muito pequena, já gostava de se misturar a nós, sempre sob os olhos atentos do seu velho e sábio pai, mas também sob os meus, pois isso o Criador também confiou a mim; por todas as vezes que por aqui passamos, eu a observava com muito carinho e atenção.

Naquele momento eu não compreendi com clareza as palavras de dona Kalizê, mas em um tempo distante daquele dia, pude entender o significado de cada palavra dita e o porquê dos ensinamentos a mim com tanta dedicação e amor. Dona Kalizê tinha amor por tudo e por todos à sua volta, e a todos que desejavam aprender ela passava seus ensinamentos. A luz e a sabedoria daquela doce senhora eram sem igual!

Ao terminarmos de rezar a prece, todos nós demos as mãos uns aos outros e fizemos um momento de silêncio, para só após estarmos prontos para partirmos. O sol já estava quase se pondo anunciando a chegada da noite, quando demos início à nossa longa viagem pelas estradas em meio às chuvas, ao sol, aos ventos e às poeiras, mas sempre levando conosco o amor, a alegria, a liberdade e a harmonia.

Não era regra para esse amado povo partir de um lugar para outro ao anoitecer, mas, nesse caso, eles preferiram assim.

O lugar já determinado por dona Kalizê e seu amado povo, onde íamos fazer nossa parada, ficava bem distante da pequena aldeia, mas sempre que nos sentíamos cansados e com pouca energia, por causa da viagem, parávamos à beira de alguma estrada perto das matas e tomávamos a bebida preparada com água limpa, frutas e benzimento. Repousávamos um pouco para, logo em seguida, continuarmos a viagem.

Sempre que parávamos à beira da estrada perto das matas, para tomarmos a bebida e descansar um pouco, acontecia um fato que naquele momento eu não entendia: dona Kalizê sumia como por encanto e ninguém a via ir nem voltar, simplesmente se fazia presente em nossa frente após um tempo do sumiço. Ela voltava e parecia estar ainda mais cheia de luz. Mas esse fato eu só fui compreender bem à frente desses acontecimentos, quando já estava pronta para conhecer esse mistério.

Após alguns dias de viagem, chegamos ao lugar determinado por dona Kalizê e seu amado povo. Ao chegarmos a esse local, muito emocionada eu fiquei com a beleza de lá. A mãe natureza estava presente em todos os cantos. Era uma imensa fazenda e nós montamos nossas tendas em frente a ela, à beira de uma bela mata muito ampla. Essa imensa fazenda era cercada com mourões e arame farpado bem pertinho um do outro, para assim dificultar a passagem de animais que ali viviam.

Era muito belo esse lugar! Havia vários casebres de pessoas que moravam neles e trabalhavam na fazenda. Era uma região composta por fazendeiros, e a beira da mata onde montamos nossas tendas era envolvida por árvores enormes, flores de cores, perfumes e tamanhos diferentes; algumas eram envolvidas por floridos ramos que chegavam até seus troncos e se espalhavam pelo chão. Os meus olhos se encheram de alegria com aquela bela visão.

Vendo minha admiração pelo lugar, dona Kalizê se aproximou de mim e disse-me:

– Acalme suas emoções, menina, aqui nesse lugar não seremos incomodados; todo povo dessa região aprecia nossas festas, nossos costumes e nossos trabalhos, pois muito já fizemos por eles. Já estivemos aqui, eu e meu amado povo, há muito tempo, mas este lugar ainda não era tão belo como está hoje, pois a mãe natureza estava formando toda essa beleza para encher os olhos de muitos de alegria, assim como neste momento enche os seus e a deixa emocionada.

Quando ela terminou de dizer essas palavras, todo o povo da nossa família, um de cada vez, pediu-lhe perdão e dizia que nunca esteve naquele lugar. Então, ela lhes respondeu:

– Vocês nunca estiveram aqui nessa vida em que vivem hoje na carne, mas eu Kalizê sim. Existem vários lugares os quais eu já estive que vocês não estiveram ainda e lhes digo, na época em que por aqui passei, eu orientava e ensinava um povo o qual me acompanhava com muito amor e alegria, assim como todos vocês, mas já falei e torno a repetir, não sou melhor que nenhum de vocês por estar na posição de orientar e de ensinar, assim como não fui melhor que nenhum do meu amado povo que me acompanhava naquele tempo e que hoje já ocupa seus tronos diante do Criador.

Todos se calaram por um instante, mesmo aqueles que já faziam parte desse amado povo há muito tempo, pois havia senhores e senhoras, já com seus cabelos todos brancos, que já tinham adquirido muito conhecimento e, por serem donos de grande sabedoria, se calaram. Mas eles também passavam seus ensinamentos para os que sabiam menos e continuavam aprendendo com dona Kalizê estrada afora. Dona Kalizê era muito dócil, amável, bondosa, inteligente, sábia, enérgica e muito humana. Todos a amavam e a respeitavam muito. Embora às vezes eu achasse que ela não era parecida com humanos, tamanha era sua sabedoria, luz e bondade. Foi muito importante a presença daquela amada e sábia senhora em minha caminhada terrena. Trago sempre comigo os seus ensinamentos, mesmo hoje já ocupando meu trono diante do Criador.

Fomos para as arrumações para deixar tudo aconchegante por ali. Muito trabalhamos, mas com muita alegria, para deixar tudo do nosso jeito e com a nossa energia.

Após tudo arrumado, dona Kalizê se aproximou fazendo barulho, batendo palmas e cantarolando, então ela disse:
– Aproximem-se todos, preciso falar-lhes – e começou a falar:
– É de hábito nosso fazer uma grande festa, assim que chegamos a algum lugar, mas desta vez o procedimento será outro. Não faremos a nossa festa hoje, porque aqui neste lugar não ficaremos apenas alguns dias, como também é de nosso hábito ficar pouco tempo nos lugares por onde passamos. Aqui neste maravilhoso local ficaremos por um longo período. A nossa grande e inesquecível festa será no dia do matrimônio de Saraníta e Paaulo, vamos começar os preparativos, pois já é chegada a hora de eles se unirem pelas leis humanas, pois pelas Leis Divinas já estão unidos desde que nasceram nesta vida na carne. Vamos preparar tudo com muito amor, alegria e muita magia, pois esse belo casal de jovens é merecedor.

Paaulo estava do meu lado segurando em minha mão, como ele sempre fazia quando surgia qualquer oportunidade de estarmos perto um do outro. Nesse momento, com as palavras de dona Kalizê e com Paaulo segurando em minha mão, fiquei tão emocionada que meu coração acelerou e um calor tomou conta do meu corpo por inteiro. Ele olhou fixamente em meus olhos e, mais uma vez, fiquei hipnotizada com seus belos olhos cor de mel. Como era belo aquele rapaz!

Além de educado, bondoso, gentil, era muito sensual, principalmente quando dançava e movimentava seu corpo de homem de várias formas, e eu ficava encantada por ele.

# Capítulo 12

# A sombra do Senhor Anjo da Morte

Naquele instante, em pensamento, agradeci a Deus por colocar em meu caminho um povo maravilhoso e um homem daquele porte para ser meu esposo. Então, fechei meus olhos por um instante para agradecer a Deus por tudo o que eu estava vivendo ali, foi quando em meio àquela alegria e emoção, abri meus olhos e pude enxergar como se fosse uma sombra e, pelo que eu entendia por intermédio dos ensinamentos de meu velho pai, era a imagem do Anjo da Morte que se aproximava de Paaulo. Senti-me muito triste com aquela visão, um arrepio percorreu todo o meu corpo e minhas pernas estremeceram. Rapidamente abracei Paaulo e o apertei em meus braços. Ele não entendeu minha atitude, mas eu preferi não lhe dizer nada do que enxerguei e do que senti, apenas o abracei com ternura e muito amor. Dona Kalizê, que a tudo percebia, ao ver aquela cena, nos olhou fixamente mas nada falou, agiu como se soubesse do que e de quem se tratava aquela imagem que eu acabara de enxergar.

Procurei me acalmar para não estragar aquele momento tão especial, mas a imagem daquela visão não saía da minha mente. Procurei aproveitar aquele momento ao máximo, pois acredito que cada instante é único na vida de um ser humano.

Repousamos naquela noite e, no dia seguinte, começamos os preparativos para o grande, alegre, cheio de amor e magia, dia do nosso matrimônio. Dona Kalizê disse-nos:

– Quero montar um belo altar na entrada dessa mata, com muitas flores e muitos ramos naturais. Vamos arrumar um canto no meio da mata que seja cheio de energia e magia da natureza para vestir você, Saraníta, para sair dela pronta para se tornar esposa de

Paaulo e, quando digo pronta, não me refiro apenas às vestes que cobrirão seu corpo. Enquanto eu e algumas mulheres de nosso povo cuidamos de Saraníta, alguns homens do nosso povo cuidarão de Paaulo e, quando Saraníta sair arrumada do meio da mata, Paaulo estará devidamente vestido e preparado esperando por ela no altar; vamos agilizar, pois não podemos perder tempo – mais uma vez ela falando do tempo que não podia perder em se tratando de mim e Paaulo.

Tudo estava devidamente arrumado, mas sempre com o toque final de dona Kalizê.

Havia uma entrada grande para a mata, como se fosse uma estrada que se estendia mata adentro. Foi nessa entrada que montamos um belo altar com tudo o que a mãe natureza tinha para nos oferecer. Colocamos um cipó grosso bem firme de uma árvore a outra em forma de meio círculo, que começava no tronco de uma das árvores e ia até uma certa altura, virava um meio círculo e descia sobre o tronco da outra árvore, para então ser amarrado com outro cipó mais fino para dar firmeza ao meio círculo entre as duas árvores. Penduramos no cipó muitas flores coloridas, folhas e ramos. Ficou tão belo que mais se parecia com uma obra de arte produzida pelas mãos da mãe natureza. Foi colocada uma pequena mesa feita de bambu pelas mãos do nosso próprio povo. Todos os enfeites e objetos necessários para a cerimônia foram postos sobre a mesa pelas mãos de dona Kalizê, que não permitiu que ninguém tocasse em nada do que ela havia colocado ali.

Aquele lugar, além de belo, tinha uma energia, uma luz, que só quem foi presenteado pelo Criador com o dom da visão poderia enxergar: era a presença iluminada dos espíritos de luz existentes ali. Enquanto um grupo trabalhava na arrumação e na decoração, outro trabalhava na preparação das comidas e bebidas que eram feitas com muito amor, pois dona Kalizê sempre nos dizia que em tudo que fazemos é necessário colocar esse sentimento. Ao preparar os alimentos, o ingrediente principal é o amor, e ao terminar de prepará-los, eles tinham como hábito buscar energia do alto com as duas mãos e colocá-las sobre os pratos já preparados. Ela também dizia que se preparamos um alimento com ódio, mágoa e negativismo nos pensamentos e sentimentos, quem ingere esse alimento, assim que coloca na boca, já começa a passar mal. Há pessoas que não acreditam em nada nem em ninguém e que, por sua ignorância, passam toda sua existência na carne sofrendo de um mal em seus órgãos internos sem nunca saber que foi por causa de um alimento amaldiçoado que ingeriram.

Após tudo pronto na arrumação e na decoração, afastei-me um pouco e fiquei observando a beleza daquele lugar, sentindo o perfume das flores e o delicioso aroma das comidas; fixei meus olhos em tudo ali e me senti muito feliz e emocionada. Foi quando lágrimas de meus olhos caíram, então dobrei meus joelhos sobre o chão e agradeci ao meu Deus por toda aquela bênção que Ele amorosamente me concedeu. Foi quando dona Kalizê se aproximou, estendeu sua mão e, com doçura, me levantou e, sem nada dizer, me abraçou fortemente. Digo-lhes que nesse momento me senti a pessoa mais segura e mais cheia de energia que podia existir. Todas as vezes que dona Kalizê me abraçava, eu me sentia calma, forte, segura e cheia de energia.

Após esse enérgico e aconchegante abraço, ela me disse:

– Agora vamos mata adentro procurar um lugar belo e cheio de energias em meio à natureza para que possamos prepará-la para a grande noite.

# Capítulo 13

# Conhecendo o mais belo dos lugares em meio à natureza

Andamos um tempo sobre as matas, sentindo o perfume do mato, das flores, das folhas, e eu me sentia muito bem com esse perfume. Parecia que o cheiro entrava por minhas narinas e alcançava minha alma e, quanto mais caminhávamos sobre aquela verde mata, mais me sentia bem, parecia que já havia estado lá.

Então paramos em um determinado lugar e dona Kalizê disse:
– Encontramos o lugar que procurávamos!

Foi o local mais belo, cheio de energia e aconchegante que meus olhos já haviam visto. Não encontrarei palavras para descrever com clareza esse belo lugar, pois somente enxergando e sentindo a energia dele um ser humano é capaz de compreender sua grandeza e beleza.

Nosso Criador deixou tantas belezas em meio à natureza para que seus filhos pudessem apreciar e usufruir, mas muitos vivem toda sua existência na Terra sem ter enxergado nem apreciado nenhuma delas.

Falarei um pouco sobre esse belo lugar em meio às verdes matas. O solo era todo coberto por folhas e flores semissecas que caíam das pequenas e grandes árvores contidas ali; algumas se entrelaçavam umas com as outras e formavam deliciosas sombras. Essas folhas e flores semissecas, ao serem tocadas com os pés, exalavam um perfume sem igual. Algumas árvores eram compostas de ramos floridos que se enrolavam sobre elas como se tivessem sido colocados à mão pelos humanos.

Um pouco mais adiante de onde estávamos e também com o solo coberto por folhas e flores semissecas, havia um pequeno riacho com água límpida e muito fria. Ao ver esse riacho, saí correndo em meio às folhas semissecas e, sentindo o perfume delas ao serem tocadas pelos meus pés descalços, imediatamente adentrei no riacho até sentir que a límpida e fria água tocou em meus joelhos. Olhei várias pedras ali contidas, a límpida e fria água batia sobre elas, mas algumas se sobressaíam. Sentei-me em umas dessas pedras em meio ao pequeno riacho e fiquei de joelhos, com os pés cobertos pela límpida e fria água. Foi quando ouvi os estalos das folhas sob os pés de dona Kalizê que já se aproximava de mim. Ela se posicionou em minha frente à beira do riacho e me olhou com ternura. Então me perguntou:

– Reconhece este lugar?

Deu um sorriso alegre e discreto. Olhei fixamente para ela e imaginei que estivesse brincando, embora não fosse muito de seu feitio fazer brincadeiras. Então, eu lhe respondi também com sorriso alegre e discreto:

– Não, eu não reconheço este lugar, embora esteja encantada por ele e me sentindo muito bem, é como se eu já tivesse vindo aqui, mas não reconheço, devia reconhecer?

Ela sorriu novamente e saiu caminhando por ali apreciando a beleza dos arredores daquele lugar. Só ela sabia do que estava falando e por que me levou até lá, mas isso só fui entender tempos após esse dia. Continuei ali sentada sobre a pedra em meio ao riacho observando aquela límpida e fria água correndo sobre meus pés e seguindo seu curso. Havia muitos pássaros por ali de várias espécies voando e cantando por todo aquele espaço e eu apreciava cada detalhe.

Enquanto a água corria sobre meus pés e pássaros voavam e cantavam, fechei meus olhos por um instante, me pus a pensar e me lembrei do meu velho, amado e sábio pai e, quando abri meus olhos, pude vê-lo nitidamente em minha frente com seus cabelos e barbas todos brancos; sorriu para mim, mas antes que eu conseguisse dizer qualquer palavra, ele foi deixando apenas sua energia contagiante que somente meu pai sabia transmitir a mim. Foi gratificante vê-lo e sentir sua presença ali comigo; muito feliz eu fiquei, mesmo que só por um instante eu pude vê-lo. Mas após essa gratificante visão, também me lembrei da minha bela, jovem e egoísta mãe. Então me perguntei: como será que ela está? Será que está feliz vivendo no luxo como ela queria? Será que se lembra da filha que ela abandonou sem ao menos se despedir? Nesse momento lágrimas de meus olhos caíram e rolaram sobre meu rosto, mas o Criador foi tão generoso comigo, que ódio por ela em nenhum momento eu senti, mesmo porque Ele me deu outras alegrias. Sendo eu um pouco mais madura naquele momento, acho que estava sentindo pena dela, pois aprendi que nada nem ninguém substitui o amor materno, e minha mãe sabia disso, mas ainda assim me abandonou. Minhas lágrimas cessaram e, no mesmo instante, surgiu em minha frente um pequeno animalzinho que vivia por ali, chegou bem próximo de mim e começou a beber aquela límpida e fria água. Fiquei admirando as bênçãos do Criador, como Ele é bondoso e generoso com seus filhos! Pena que muitos se esquecem de dobrar seus joelhos sobre o chão e agradecer por todas as bênçãos que recebem todos os dias.

Dona Kalizê veio se aproximando novamente de mim, com os braços cheios de belas flores e penas coloridas dos pássaros que as deixavam cair ao sobrevoarem entre as árvores. Ela me falou com sua voz firme, mas suave:

– Vamos, menina, levante-se daí e venha, você já teve tempo para apreciar, admirar e se inundar de boas energias, agora vamos cuidar de outros afazeres e, logo mais, aqui voltaremos para que possamos preparará-la e vesti-la divinamente para que fique tão bela como uma Cabocla do Oriente, pois uma cabocla sempre honra seu penacho!

Após dizer essas palavras, estendeu sua mão e me ajudou a sair da água, depois me puxou em direção ao seu corpo e deu-me um aconchegante abraço. Não entendi muito bem suas palavras, mas pelo que eu já havia aprendido, sabia que ela falava de uma divindade de luz, divindade essa que hoje sei muito bem de quem se trata.

Voltamos ao acampamento, meus olhos brilharam ao ver tudo arrumado e perfumado pela natureza, pronto para meu matrimônio com aquele belo rapaz de olhos cor de mel, que já era dono absoluto do meu coração e que, a partir daquele dia, seria dono do meu corpo, dos meus desejos e de todos os meus sentimentos. Como amei aquele homem! Sei também que fui amada por ele. Eu e Paaulo vivemos o mais belo e o mais puro dos amores entre um homem e uma mulher.

# Capítulo 14

# O poderoso ritual para o matrimônio

Quando faltavam apenas algumas horas para o mais importante dia de minha vida, dona Kalizê preparou um perfumado e poderoso banho, usando ervas, flores, frutas, mel e suas magias. Mas antes que eu tomasse esse banho, ela já havia preparado outro com as folhas de uma árvore muito bela que havia ali e que ela chamava de árvore de Cristo. Primeiro tomei o banho com as folhas dessa bela árvore e, após 21 minutos, dona Kalizê me guiou até um local onde havia uma espécie de "caixa" enorme que cabia uma pessoa dentro; era feita de madeira, quadrada, e já estava contendo o perfumado e poderoso banho que, com muito carinho, dona Kalizê preparou, usando ervas, flores, frutas, mel e suas magias. Ela me pediu carinhosamente para me despir e entrar naquela "caixa" contendo o banho, eu imediatamente obedeci. Ao sentir aquela água com os elementos do banho cobrir meu corpo, a sensação que senti foi única e sem igual. Eu me senti flutuando, foi quando dona Kalizê chamou as outras mulheres do grupo que estavam ali presentes para dar início as orações em benefício do meu matrimônio com Paaulo. Enquanto eu estava mergulhada naquele perfumado e poderoso banho, elas fizeram um círculo em volta de mim ali com todo meu corpo mergulhado sob a água, deram as mãos umas às outras e iniciaram as orações. Dona Kalizê pediu-me que no momento das orações eu elevasse meus pensamentos ao Criador e às divindades do tempo e que respirasse profundamente pelas narinas e bem devagar assoprasse pela boca. Pediu para eu fazer esse exercício o tempo que durasse as orações e para que eu não me dispersasse. Senti meu corpo tão leve que quase adormeci. Foi quando em um dado momento das belas e poderosas orações, percebi que todas ali presentes espalmaram suas mãos direitas em minha direção e suas mãos esquerdas estavam espalmadas sobre o solo; assim permaneceram por um tempo. Fixei meus olhos naquele belo e poderoso ritual de orações e magia, pude ver nitidamente faíscas coloridas que saíam do solo, envolviam suas mãos esquerdas ao mesmo tempo que saíam por suas mãos direitas e chegavam até mim. Que bela visão os meus olhos tiveram naquele momento; eu me senti a mais abençoada das mulheres, pois além dos cuidados de dona Kalizê e das bondosas mulheres do nosso grupo que ali estavam em um belo ritual de orações e magia, o Criador me permitiu ter aquela bela visão, assim como também me deixou sentir o quanto era grande o amor daquele amado povo pelos seus semelhantes, e eu tive a honra e o privilégio de viver entre eles e de aprender muito sobre suas orações, rezas, oferendas e magia. Com eles aprendi também que o amor, o respeito, a generosidade e a humildade deveriam estar presentes na vida dos seres humanos em todos os momentos.

Paaulo estava com um grupo de homens do nosso povo, tendo seu corpo e espírito purificados de todo negativismo e sendo equilibrado para se tornar meu esposo. O ritual de orações, magias e banhos feito para Paaulo foi diferente do que aquele feito para mim, pois eu estava em um ritual para mulheres e Paaulo em um ritual para homens, pois os homens são diferentes das mulheres! Um homem não pensa, não age nem sente como uma mulher, pois o nosso Criador nos criou assim e assim sempre será; também temos energias e atitudes diferentes e, por todas essas diferenças, é que formamos um casal. O Criador é perfeito em tudo e em todas as suas obras.

Enquanto eu e Paaulo estávamos sendo preparados, eu pelo grupo de mulheres e ele pelo grupo de homens, havia outro grupo cuidando dos mínimos detalhes das arrumações e das comidas. Como era caprichoso aquele amado povo! E naquela noite tudo precisava estar perfeito, pois assim eles desejavam.

Ao terminar o belo ritual de orações e magia, dona Kalizê me estendeu a mão e, com a ajuda de mais algumas mulheres, eu saí da água com os elementos que cobriam meu corpo e, em seguida, todas me acompanharam até aquele belo cenário, preparado pelo Criador e conservado pela mãe natureza, onde eu me vestiria para o mais belo e emocionante dia de minha vida.

Ao chegar àquele belo, iluminado e energético canto da natureza, e que já havia se tornado meu lugar preferido, dona Kalizê, de imediato, foi retirando um enorme pacote que estava dentro de uma caixa e abrindo-o. Ela retirou desse pacote um longo e belo vestido e, com ajuda das outras mulheres ali presentes, estendeu-o sobre o solo em meios às folhas e às flores semissecas. Essa foi mais uma bela visão que meus olhos na matéria puderam ver e nunca mais se esqueceram. Mesmo hoje que vivo em espírito, no outro lado da vida, servindo meu Criador, ainda me lembro desse abençoado dia.

Ao ver aquele belo e colorido vestido estendido sobre o solo, os meus olhos brilharam de alegria. Como era lindo aquele longo e colorido vestido! Entre um belo decote, mangas justas até os cotovelos e largas em viés dos cotovelos aos punhos, esse vestido continha também uma das mais belas cores, o verde das matas. Era um vestido colorido, típico das mulheres do nosso povo, mas esse era muito especial, por causa da ocasião. Além da bela cor verde das matas, continha mais duas lindas cores, o exuberante azul-escuro e o fascinante vermelho.

Hoje, vivendo do outro lado da vida e cumprindo minha missão e por ser conhecedora de vários mistérios, sei que cada cor daquele belo vestido trazia a força e o poder de mistérios que naquele dia eram desconhecidos para mim.

Comecei a me vestir com a ajuda de dona Kalizê e das mulheres do nosso grupo. Ao terminar de me vestir, eu me senti bela, iluminada e cheia de energia. Aquele vestido contendo aquelas três cores combinava perfeitamente com todos meus atributos físicos aqui já citados, os quais o Criador me presenteou. Após ter aprendido e dominado aquela alegre, elegante e sensual dança e vestida com aquele belo vestido que realçou ainda mais minha beleza natural de menina, ficou difícil não atrair as atenções, até mesmo dona Kalizê e as mulheres que estavam presentes me olhavam fixamente com admiração.

Dona Kalizê já havia mandado duas das mulheres que estavam conosco para ir verificar se tudo estava devidamente perfeito para me receber. Quando essas duas mulheres voltaram e disseram que tudo estava perfeito, dona Kalizê falou:

— Agora o toque final para realçar ainda mais a beleza de Saraníta — disse essas palavras e foi retirando daquela enorme caixa onde estava o vestido e vários adereços: colares, brincos, pulseiras, anéis, todos lindos e trabalhados em prata e ouro, e colocou todos em mim. Apenas percebi que ela não enfeitou meus longos, lisos e negros cabelos. Ela pediu licença e disse-me: — Aguarde um instante — e se retirou.

Quando ela voltou novamente, trazia em suas mãos um adereço diferente aos meus olhos, mas era muito belo. Ela se aproximou de mim e falou:

— Trouxe-lhe esse adereço, enfeite, pode chamá-lo como preferir, eu o chamo de penacho e esse eu fiz com minhas próprias mãos, com muito carinho para presentear você neste dia tão especial; em um tempo bem distante de hoje você entenderá o porquê desse belo presente.

Como era belo aquele penacho! Continha até as penas coloridas dos pássaros que ela mesma havia recolhido.

Ela prendeu o belo penacho em meus cabelos, eu me senti cheia de energia e uma forte emoção tomou conta de mim.

Após eu estar devidamente pronta aos olhos de dona Kalizê, chegou o grande momento de ir até o altar em meio a natureza. Um pouco antes de chegarmos, ela me pediu para parar por um instante, para que ela e as outras mulheres chegassem primeiro, se posicionassem e me aguardassem no recinto; pediu também que eu caminhasse vagarosamente e saísse do meio da mata com muita leveza no corpo e na alma e não me preocupasse, pois eu não estaria sozinha. Fiquei ali parada em meio à mata, dando o tempo necessário para que elas chegassem.

# Capítulo 15

# O matrimônio, a dança e fortes emoções

Chegou o grande momento de eu entrar no recinto devidamente preparado para receber a mim e Paaulo. Fui caminhando lenta e delicadamente e saindo de dentro da mata como se estivesse saindo da minha própria casa. Ao chegar próximo ao belo altar entre as árvores com cipó todo enfeitado com folhas e flores coloridas, pude ver Paaulo e ele a mim. Que bela visão meus olhos tiveram ao vê-lo! Ele conseguiu ficar ainda mais belo, estava divinamente vestido: usava uma camisa de mangas longas dobradas até os cotovelos, na cor azul-claro, cor do céu e das águas do mar, que combinava perfeitamente com sua pele clara e queimada pelo sol, com seus olhos penetrantes cor de mel, com seus cabelos castanho-claros que chegavam até seus ombros e com seus sensuais lábios que, de tão torneados, pareciam ter sido desenhados à mão. Quanta elegância, sensualidade e charme havia naquele homem. Ele usava também uma faixa na cor vermelha, que cruzava seu ombro direito e amarrava na altura da cintura do lado esquerdo. Essa faixa vermelha em contraste com o azul-claro da camisa deixava Paaulo mais belo ainda. Se é que era possível. Sua calça era azul também, mas de tom bem escuro e larga nas pernas, com elástico nos tornozelos, na cintura usava uma larga faixa de cor roxa. Nos pés ele calçava uma sandália, feita de tiras de várias cores em um modelo masculino, que foi feita carinhosamente por uma das mulheres do nosso amado povo. Elas faziam belos trabalhos manuais!

Já sabia por dona Kalizê que eu não estava entrando sozinha e, naquele momento, senti que realmente não estava. Entre muitas sensações boas, pude sentir com intensidade a presença do meu velho, amado e sábio pai ali comigo segurando em minha mão, pude sentir até o calor da mão dele segurando a minha para me conduzir até o nosso belo altar e me entregar a Paaulo. E foi com toda essa emoção, alegria e felicidade, que cheguei até Paaulo e pude ver de perto o brilho dos seus belos olhos cor de mel, enquanto ele me tomava em seus braços e me conduzia à dança pré-matrimônio. Pois, antes do casamento, era de hábito os noivos dançarem para todos.

A partir daquele dia eu passei a chamar todos de meu amado povo! Para o meu amado povo, era essencial a dança pré-matrimônio, era para que todos presenciassem o amor do casal que iria se unir em matrimônio. Digo-lhes: todos puderam presenciar pelo brilho de nosso olhar e de nosso gesto ao dançar o grande amor que existia entre mim e Paaulo. Ele me segurou fortemente pela cintura para darmos início à dança. Pude sentir seu perfume, o cheiro de seus cabelos voando sobre meu rosto com os movimentos da dança enquanto me olhava fixamente de uma forma como se apenas eu estivesse naquele recinto. Minha emoção foi tanta que, por um instante, achei que não conseguiria dançar, pois minhas pernas estavam trêmulas. Mas me segurei e contive minhas emoções e dancei lindamente junto com meu amado para todos os presentes. Os meus cabelos negros, lisos e longos se misturavam com o balanço da dança aos de Paaulo, e o povo todo gritava: "viva Paaulo e Saraníta". Muitos da região já se faziam presentes e outros estavam chegando para apreciar nossa festa e assistirem ao nosso matrimônio.

Digo-lhes: as cores da roupa de Paaulo tinham um grande significado para meu amado povo. Cada cor também trazia a força de um mistério, tanto o azul-claro de sua camisa, a faixa vermelha em seu ombro, o azul-escuro de sua calça e roxo de sua larga faixa na cintura.

Para meu amado povo, tudo na natureza tinha um significado e com as cores não era diferente, cada cor trazia a força de um mistério e eles usavam muito as cores em seus trabalhos, em suas roupas e em suas magias.

Terminamos nossa alegre, elegante e sensual dança pré-matrimonial, sob os gritos e aplausos de todos que ali estavam. Saímos de mãos dadas do recinto da dança e nos dirigimos ao belo altar em plena natureza. Ajoelhamos diante do altar, onde já estava posicionado o nosso mestre cerimonial, o senhor Horland, para realizar o nosso enlace.

O senhor Horland era um homem muito bem preparado desde sua juventude para ser mestre de cerimônia entre nosso amado povo. Entre outras funções que ele também exercia com muita sabedoria, com seus cabelos brancos, ele ali estava posicionado diante do belo altar.

Como dizia dona Kalizê: o senhor Horland há muito tempo já tem o conhecimento e a permissão do Criador e das Divindades de Luz para realizar todos e qualquer matrimônio.

Ele deu início à linda prece pré-matrimônio, que também era de costume do nosso amado povo. O senhor Horland rezava as primeiras palavras da prece e todos repetiam. Entre todas as preces que aprendi com meu amado povo, essa me pareceu ser a mais bela, talvez seja pelo momento de grande emoção que eu estava vivendo, pois todas as orações e preces que aprendi são belas, fortes e poderosas, mas por causa do momento eu achei aquela a mais bela. O instante que eu ali vivia era até aquele dia o mais especial em minha vida terrena e é o mais especial na vida de qualquer mulher, pois estar se unindo em matrimônio ao homem amado é uma emoção tão imensa e intensa que só quem vive um momento como esse saberia explicar! Desejei muito que todas as mulheres do universo tivessem a honra de viver um momento como aquele, mas como cada ser tem seu destino escrito pelo Criador quando seu espírito imortal habita um corpo carnal e também por terem o livre-arbítrio, nem sempre isso é possível. Mas desejei!

O senhor Horland estava vestido de acordo com sua função. Ele estava divinamente belo, usando uma vestimenta que combinava perfeitamente com seus cabelos brancos, que pareciam estar cobertos por algodão. Com seus cabelos brancos à mostra ele permaneceu até que terminasse a bela prece e, logo em seguida, ele ocultou-os em um bonito lenço de seda na cor dourada, todo trabalhado em fina renda na mesma cor. A vestimenta dele foi preparada especialmente para aquele dia, era toda branca bem larga e, na cintura, ele usava uma larga faixa na mesma cor do belo lenço, ele estava tão suave vestido assim que hoje, eu sendo conhecedora de vários mistérios, digo-lhes: mais se parecia com uma Divindade de Luz!

Ele pronunciou belas e sábias palavras para celebrar o nosso matrimônio, enquanto eu e Paaulo continuávamos ajoelhados diante do belo altar. À nossa volta, havia sete mulheres e sete homens do nosso povo com suas duas mãos espalmadas em nossa direção, eu e Paaulo com nossas mãos direitas sobre nosso peito como gesto de respeito e agradecimento.

Entre sábias e lindas palavras, uma imensidão de pessoas, também sob as bênçãos do Criador e das Divindades de Luz, eu e meu amado Paaulo nos unimos em matrimônio. Mas unidos nós sempre estivemos em todas as nossas vidas, pois todas as vezes que o Criador enviou meu espírito imortal para habitar um corpo carnal, Ele enviou o de Paaulo também, para que juntos caminhássemos enquanto ele permitisse, e nosso imenso amor foi e é além da vida terrena.

Quando o senhor Horland terminou de pronunciar suas belas e sábias palavras e todos enviaram pelas de suas mãos energias positivas para nós, veio se aproximando um dos membros de nosso amado povo, trazendo um belo instrumento musical em suas mãos, e parou do lado de Paaulo. Nesse momento ainda estávamos ajoelhados, então, Paaulo se levantou, deu-me sua mão e colocou-me em pé também, em seguida tomou em suas mãos o belo instrumento que o membro do nosso povo trazia. Posicionou-se em minha frente e ali mesmo, diante do belo altar, do senhor Horland e de todos os presentes, ele deu início à mais bela melodia que meus ouvidos puderam ouvir em minha vida na carne. Todos ficaram em silêncio para que Paaulo tocasse aquela bonita e doce melodia dedicada a mim. Enquanto tocava, ele me olhava firmemente com seus belos olhos cor de mel e sorria de forma discreta para mim com seus torneados lábios. O som daquela bela e doce melodia ecoava em meus ouvidos, tocava meu coração e alcançava minha alma. Não consegui me conter de tanta emoção e muitas lágrimas caíram dos meus olhos e rolavam sobre meu rosto.

Assim que Paaulo terminou de tocar a bela e suave melodia dedicada a mim, todos os músicos do nosso amado povo deram início à canção pós-matrimônio para que dançássemos para todos os presentes. Paaulo chegou bem pertinho de mim, passou sua mão suavemente em meu rosto e enxugou as minhas lágrimas. Em seguida me segurou fortemente pela cintura e me conduziu à dança, dançamos aquela bela canção entre muitos aplausos e pétalas de rosas que todos carinhosamente jogavam sobre nós. Eu e Paaulo nos olhávamos com muito amor, emoção e desejo. Quando os músicos terminaram de tocar a bela canção pós-matrimônio, deram início a outras melodias e canções para todos os presentes, e todos participaram da nossa alegre dança. Foi muito belo, contagiante e emocionante! Foi com toda essa alegria, felicidade e muita dança que a festa durou até alta madrugada.

# Capítulo 16

# O encanto da primeira noite de amor

Quando a madrugada se fez presente e todos já estavam se retirando, dona Kalizê deu ordens para que eu e Paaulo fôssemos para o local onde foi devida e carinhosamente preparado para nós passarmos nossa primeira noite juntos e lá, daquele dia em diante, seria nosso canto, nosso refúgio. Essa foi a ordem mais prazerosa de se cumprir.

Nosso canto era um "quarto" feito de um tipo de madeira bem leve. Nesse quarto havia tudo de que nós precisávamos para nos entregar um ao outro com muito amor e desejo. Entre alguns pequenos e simples móveis que tinham ali, feito pelo nosso povo, para que acomodássemos nossos pertences pessoal, havia uma cama macia com colchão feito de palha e travesseiros de paina colhidas ali mesmo em meio às matas. Essa cama estava coberta por um lençol branco, todo bordado em renda, feito pelas mãos das mulheres do nosso povo.

O lençol era todo branco para que nele ficasse marcado o símbolo da minha pureza de moça. Havia também uma bela camisola branca toda bordada para que eu usasse naquela noite. Como meu amado povo era cuidadoso!

Além do que já citei, nosso "quarto", nosso canto, estava todo enfeitado com flores naturais, havia um pequeno tonel contendo uma deliciosa bebida com frutas, ervas, amor e muita magia. Do lado do pequeno tonel tinham duas belas canecas decoradas.

Paaulo se retirou para se banhar e se preparar para mim e eu ali fiquei também para me preparar para nossa grande noite. Também havia em nosso canto uma enorme bacia com água já aquecida, contendo essência de ervas e flores para que eu me banhasse.

Banhei-me com aquela deliciosa água contendo as essências de ervas e flores. Eu me senti leve, me vesti com a bela camisola branca, me perfumei com um pouco de essência de ervas e flores que restou do banho e me deitei sobre a cama em cima daquele belo lençol branco, com minha cabeça sobre aquele travesseiro deliciosamente macio. Fiquei aguardando meu amado, com muito amor e emoção. O medo que toda mulher sente mesmo estando nos braços do seu homem amado em sua primeira noite com ele, para deixar de ser moça pura e se transformar em uma mulher, eu não senti nenhum pouco, pois sabia que meu amado seria o homem perfeito naquela noite e que não teria motivos para ter medo, mesmo porque nosso amor e desejo tinham a mesma proporção.

Quando meu amado Paaulo chegou até a porta, minha emoção foi tanta, que pensei que meu coração fosse saltar de dentro do meu peito. Ele estava com seus belos e claros cabelos úmidos e usava apenas uma peça íntima de cor branca, deixando à mostra todo seu belo corpo de homem. Digo-lhes: que belo homem era meu amado Paaulo e cheio de atributos!

Embora meus olhos nunca tivessem visto um homem praticamente nu, eu também não senti medo e vendo aquela beleza toda em forma de homem em minha frente, senti mais amor e desejo por ele. Quando ele veio se aproximando de mim, pude ver o quanto o Criador foi generoso com ele! Chegou bem pertinho de mim, pude sentir o perfume de seus cabelos úmidos. Então ele percorreu sua mão suavemente em meu delicado corpo, olhando fixamente em meus olhos, e encostou seus doces e torneados lábios nos meus e, com muito amor, desejo e emoção demos início ao nosso primeiro, emocionante, intenso, prazeroso e longo beijo. Pude sentir o gosto de sua boca, o cheiro de seus cabelos e o calor de seu corpo e, enquanto eu segurava fortemente em seus perfumados e úmidos cabelos, ele me beijava com intensidade e continuava a percorrer sua mão suavemente sobre o meu delicado corpo, aumentando a intensidade das carícias a cada instante. Após algum tempo de muita emoção, trocamos carícias e beijos mais intensos e, assim, com muito amor, desejos, emoção e carícias inexplicáveis, eu entreguei meu delicado corpo de menina ao meu amado Paaulo, assim como ele me entregou o seu belo corpo de homem. Ele me amou com muita devoção, carícias e desejo de homem, mas sempre com delicadezas e cuidados e colocando sempre o respeito a mim em primeiro lugar, como havia me prometido. Nossos corpos estavam tão colados que os nossos corações batiam juntinhos no mesmo compasso, eu sentia sua respiração ofegante, sua boca molhada de desejo, o cheiro dos seus cabelos e seu corpo quente junto ao meu e, quanto mais ele sussurrava palavras de amor em meus ouvidos, mais desejo sentia por ele e meu corpo falava por mim.

Após termos nos amado por muito tempo e com muita intensidade, saciamos nossos desejos e adormecemos de corpos tão colados, que pareciam ocupar o mesmo espaço; só nos despertamos com o sol já quase no meio do céu, iluminando e aquecendo ainda mais aquele ambiente. Fui me levantando, quando Paaulo puxou-me para seus braços, me abraçou com ternura, beijou-me a boca suavemente e disse-me:

– Sou o homem mais feliz que existe neste mundo e assim permanecerei enquanto nosso Criador permitir que eu viva esse amor junto de você, minha doce, bela, delicada e amada esposa.

Então nos levantamos para que Paaulo fosse mostrar ao nosso amado povo o meu símbolo de pureza estampado naquele belo lençol branco. Ele pegou o belo lençol e saiu com um lindo sorriso nos lábios. Todos já estavam aguardando Paaulo e, de lá do nosso "quarto", pude ouvir os gritos de alegria do meu amado povo ao ver o símbolo da minha pureza.

# Capítulo 17

## Em meio à límpida e fria água do pequeno riacho, o amor e o desejo afloram-se

Eu e Paaulo não fomos para as tarefas naquele dia, ficamos juntinhos todo o tempo. Uma parte desse tempo nós ficamos no "quarto", pois tínhamos muito o que fazer entre aquelas quatro paredes; a outra parte, eu quis levar Paaulo àquele belo lugar onde havia o pequeno riacho e que era cheio de energias positivas e muita magia da natureza; entre abraços, beijos e carícias para lá partirmos. Quando lá chegamos, ele parou e ficou olhando com muita admiração tudo em volta, então disse:

– Como pode haver tanta beleza em meio à natureza, esse lugar é uma obra divina do Criador – pronunciou essas palavras e já foi me abraçando e me conduzindo a entrar naquela límpida e fria água do pequeno riacho. Envolvidos pelo perfume da mata, das flores e folhas semissecas, o canto dos pássaros, abraçados fomos água adentro. Entre a beleza, o perfume e magia daquele lugar, misturados ao nosso amor e intenso desejo, nos amamos como se fôssemos os únicos seres vivos da face da Terra, nem percebemos o quanto era fria aquela límpida água.

Ser amada por ele naquele belo lugar, o qual já era meu local preferido, era maravilhoso, não conseguiria encontrar palavras para descrever a emoção que senti, naquele momento, sei que me senti a mulher mais feliz e amada que existia na Terra. Foi muito grandioso estar nos braços de Paaulo e ser amada por ele naquele lugar tão especial para mim.

Após esse dia, muitas outras vezes lá voltamos, algumas apenas para apreciar a beleza do lugar, outras para com muito amor e intenso desejo novamente nos amarmos.

A noite já estava se fazendo presente quando nós voltamos para a tenda. Ficamos um tanto acanhados diante do nosso amado povo, pois estávamos molhados da cabeça aos pés, parecíamos duas crianças que acabaram de fazer travessuras. Então dona Kalizê disse-nos:

– Vão tomar um banho quente, alimentem-se e vão para o canto de vocês, pois, ao amanhecer, temos muitos afazeres.

Obedecemos imediatamente às ordens dela; ela, como sempre, falava com firmeza, mas com muito carinho e suavidade.

Após o delicioso banho quente e a saborosa comida, fomos para o nosso canto. Ao chegarmos lá, Paaulo deitou-se sobre a cama e abriu seus braços para que eu me deitasse também. Atendi ao gesto imediatamente, ele me abraçou bem juntinho ao seu corpo, pude sentir seus cabelos úmidos tocarem o meu rosto, percorri minha mão sobre seu rosto e a deslizei sobre seu corpo, pude sentir sua pele macia e seu corpo de homem manifestar seu desejo. Mas, dessa vez, fui eu quem tomou a iniciativa do beijo e deixei meus desejos aflorarem, acariciei o meu amado esposo de todas as formas que meus sentidos desejaram. Entre muitas outras carícias, segurei fortemente em seus úmidos e cheirosos cabelos, encostei meus lábios suavemente aos dele e o beijei com todo meu amor e desejo de mulher; de corpos colados sob um imenso e intenso amor e desejo, mesmo exaustos, ainda encontramos energia para nos entregar um ao outro de corpo e alma, e novamente nos amarmos só após esse ato de muito amor e desejo adormecemos de corpos juntinhos.

Despertamos ao amanhecer, nos beijamos suavemente e em seguida nos levantamos, pois todos já estavam em pé. Antes de sairmos do quarto, ele segurou em minhas mãos, olhou profundamente com seus belos olhos cor de mel e disse-me:

– Minha amada, doce e delicada esposa, estou muito contente por você ter tomado a iniciativa de me acariciar daquela forma tão intensa e prazerosa e por ter me beijado com delicadeza e intensidade, dando vazão aos seus sentidos, pois acredito que a mulher possui o mesmo direito que o homem no relacionamento íntimo e os homens deveriam respeitar os desejos íntimos de suas companheiras.

Acredito que nunca irá acontecer, mas se por alguma razão algum dia eu me deitar junto de você e não a acariciar, não a beijar, talvez por cansaço ou por não estar bem, eu lhe peço, não fique aborrecida nem dê as costas para mim, simplesmente encoste seus lábios aos meus, cole seu corpo junto ao meu, me acaricie e mesmo se nessa noite não nos amarmos com todo nosso amor e desejo, podemos juntinhos adormecer sentindo o cheiro e o calor do corpo um do outro, pois tenho certeza de que no dia seguinte me despertarei louco de amor e desejos por você, e dessa forma viveremos nossa vida inteira juntos com muito amor, harmonia, confiança, respeito e muito desejo um pelo outro.

Após dizer essas belas e sábias palavras, ele me puxou contra seu corpo, nos abraçamos e, juntinhos, fomos ter com nosso amado povo para nos alimentarmos e irmos para os nossos afazeres do dia.

Ao chegarmos até nosso povo, pude sentir um delicioso cheiro de café, cheiro esse que me fez lembrar da minha infância, eu adorava sentir o cheiro do café que minha bela e jovem mãe preparava todas as manhãs.

Além do café, havia ali na mesa com pães e doces de frutas que foram preparados ali mesmo pelas mulheres de nosso povo. Os doces de frutas ou eram em pedacinhos bem pequenos ou raladinhos para que pudéssemos passar nas macias fatias dos pães. Havia também frutas regadas com mel, pois dona Kalizê dizia que as frutas faziam bem para nossa saúde e o mel fazia bem principalmente para a saúde do nosso intestino, da nossa pele e nos previne contra infecções, principalmente as causadas por picadas de inseto. Havia leite que também era vindo dali mesmo das fazendas da região e que era trocado por trabalhos do nosso povo. Muitos alimentos nossos eram trocados por trabalho e era uma forma justa de ter sempre bons alimentos à mesa. Cada membro de nosso povo tinha sua função. As mulheres, algumas bordavam, outras faziam bolos e pães, outras pintavam, faziam belos trabalhos com linhas e barbantes; havia também aquelas que, com muito amor, conhecimento, sabedoria e magia trabalhavam na leitura das cartas e das mãos, o que não faltavam eram pessoas em busca desse belo trabalho. Esse era um grandioso e respeitado trabalho, ninguém duvidava das palavras ditas por uma mulher do nosso povo que lia as cartas e as mãos, pois era feito com muita responsabilidade e conhecimento. O amor, a alegria, a magia e a harmonia se faziam presentes entre nós.

Mais um tempo se passou e nós continuávamos ali naquele belo local, lá era um dos lugares onde meu amado povo era bem acolhido por todos, pois havia outros em que eles eram discriminados por pessoas preconceituosas e ignorantes. Mas como a liberdade e o amor pela vida faziam parte de sua natureza e eles não tinham morada fixa por própria opção, então em breve partiríamos dali também e íamos caminhar por outras estradas.

Todos os dias era assim: acordávamos antes de o sol se fazer presente, tomávamos nosso farto e saudável café matinal e cada um de nós íamos para os nossos afazeres. Eu e Paaulo quase não nos víamos o dia todo, mas, como eu havia lhe prometido antes de nos unirmos em matrimônio, esperava por ele todos os dias com um sorriso no rosto e com o coração acelerado de amor e de desejo por ele. E assim foi até o dia em que o Criador e o Anjo da Morte nos permitiram viver juntos na carne.

Quase todos os finais de tarde eu chegava ao nosso canto primeiro que Paaulo, terminava meus afazeres do dia, me alimentava e ia esperar por ele. Então me banhava, me perfumava e colocava uma bela flor tirada da natureza em meus negros, longos e lisos cabelos; eu o esperava ansiosamente com um sorriso no rosto, coração arrebatado de amor e desejo por ele. Ele chegava já alimentado e perfumado, pois lá em nosso acampamento havia um lugar preparado só para os homens do nosso povo se banhar. Ele adorava ver essa bela flor em meus cabelos e me cobria com seus doces beijos dizendo que eu era a mais bela das mulheres, me abraçava com seus braços fortes e naturalmente nosso desejo ficava à flor da pele e, quando percebíamos, já estávamos de corpos colados, respiração ofegante, corações acelerados e totalmente envolvidos por aquele ato tão grandioso e gratificante em meio ao nosso amor e desejo e, assim, nos amávamos enquanto houvesse força física para nós, pois a força do nosso amor e desejo, essa nunca acabou! Adormecíamos de corpos juntinhos e eu acordava me sentindo amada, leve, saciada, feliz, coração sereno, com sorriso no rosto e sentindo por ele uma imensa ternura e um amor que, com palavras, eram impossível explicar.

# Capítulo 18

## *O comunicado da partida*

Mais um tempo se passou e, em uma dessas noites comuns para nós, dona Kalizê avisou a todos que teríamos uma reunião; logo em seguida todos foram se aproximando! Ela deu início à nossa reunião e falou-nos:

– Embora aqui neste maravilhoso lugar temos a beleza da natureza presente a todo momento, o acolhimento do povo desta região e o farto alimento que temos todos os dias por meio de nosso trabalho, eu quero que se preparem, pois é chegado o tempo de partir para outras terras, por outras estradas, e partiremos dentro de mais algumas luas.

Meu amado povo tinha como hábito realizar mudanças de um lugar para outro, trabalhos de magia, rezas, banhos de ervas e flores e oferendas nas trocas de fases da Lua ou no terceiro dia dela; cada Lua com seu ritual específico. Foi muito grandioso participar e aprender com eles todo esse ritual com as fases da Lua! Até os trabalhos de leituras das cartas e das mãos, eles preferiam realizar na troca de fase de uma Lua específica ou no terceiro dia dela. Achava curioso e muito interessante, e a todos esses grandes rituais me propus a aprender.

Dona Kalizê terminou de pronunciar suas palavras e lágrimas brotaram dos meus olhos e escorreram sobre meu rosto. Embora eu já fosse um membro daquele amado povo e soubesse que eles não ficavam apenas em um único local, eu amava aquele lugar maravilhoso e ali me uni em matrimônio com meu homem amado e estava vivendo os melhores dias da minha vida, estava vivendo uma alegria e uma felicidade que nunca imaginei que existissem. Enquanto lágrimas caíam dos meus olhos, me lembrava de tudo o que ali vivi, era pouco tempo, mas o que contava para mim não era o tempo e sim a intensidade, o amor e alegria vivida ali; quando me lembrava do meu paraíso, meu pequeno riacho de águas límpidas e frias, dos pássaros, das flores e folhas semissecas, minhas lágrimas pareciam as enxurradas das águas das chuvas da minha infância. Naquele lugar me sentia como se fosse minha casa, estava tão feliz ali junto ao meu amado Paaulo e ao meu amado povo que nem cogitei a possibilidade de irmos embora, eu me esqueci que meu amado povo era estradeiro e que ali só estavam de passagem.

Paaulo, ao ver aquele rio de lágrimas sobre meu rosto, me abraçou delicadamente e encostou minha cabeça em seu ombro e, em seguida, já com a reunião terminada, fomos para nosso canto. Ao chegarmos lá, nos sentamos sobre nossa macia cama, ele segurou em minha mão e demos início a uma confortável conversa. Nós, além de nos amarmos muito quase todas as noites, entregando-nos ao nosso amor e desejo, também tinhámos o hábito de conversar, sempre sentados em nossa macia cama, olhando um no olho do outro, com ele sempre segurando em minha mão. Inclusive conversávamos sobre os acontecimentos cotidianos, já que cada um ia para seus afazeres e nos víamos pouco durante o dia.

Paaulo falou-me:

– Minha bela, amada e delicada esposa, não se entristeça com nossa partida, pois estaremos juntos em qualquer lugar, eu sei que foi aqui que vivemos nossos melhores dias e que somos muito felizes. Fique calma, minha amada, quem sabe um dia aqui voltaremos e poderemos viver novamente tudo outra vez, pois meu amor por você nunca vai se acabar, eu a amarei por toda minha vida, ninguém muda aquilo que o nosso Criador escrever para vivermos aqui na Terra.

Olhei fixamente em seus belos olhos cor de mel e enxerguei dentro deles uma luz que parecia vir direto do céu e se misturava com a cor dos olhos dele. Então o abracei com ternura e o beijei suavemente.

Nessa noite colamos nossos corpos, nos beijamos suavemente e apenas adormecemos juntinhos. Somente adormecer de corpo coladinho com Paaulo também me proporcionava um imenso prazer, pois não é apenas o ato sexual e carícias intensas que proporcionam satisfação em um casal que se ama, existem vários outros momentos que propiciam imenso deleite, basta que saibamos usufruir deles e, para mim, adormecer de corpo juntinho ao dele era um desses momentos prazerosos.

# Capítulo 19

# Fortes emoções na festa de despedida!

    Passaram-se alguns dias e chegou a hora de partirmos, mas dona Kalizê deixou claro que antes de partirmos faríamos uma grande festa de despedida daquele belo lugar e de todos que nos receberam com carinho e respeito. Um dia antes da nossa partida logo pela manhã já começamos os preparativos para a grande festa que seria à noite, muitas comidas e bebidas todas preparadas pelas nossas mãos, além de uma enorme fogueira com lenhas retiradas dali mesmo das matas. Tudo estava sendo preparado com muito amor, alegria e muita magia, ficamos nos preparativos até o fim da tarde.

    Eu havia percebido que, durante os preparativos, dona Kalizê deu seu costumeiro sumiço e, como sempre, ninguém percebia ela sair, apenas eu, pois era atenta a tudo e a todos à minha volta; nesse dia quando ela voltou de seu costumeiro sumiço, notei seu semblante diferente do habitual, pois ela voltava sempre com mais brilho e mais luz, mas nessa ocasião, ela parecia triste, preocupada e, quando ela notou que percebi sua mudança, tratou logo de esconder sua tristeza ou preocupação. Acreditei que ela estava triste ou preocupada porque íamos partir daquele belo e aconchegante lugar. Mas quando eu e Paaulo fomos para o nosso canto para nos prepararmos, pois íamos dançar para todos na festa, pude perceber a mesma tristeza ou preocupação em seu semblante também. Mas não lhe perguntei nada, apenas conversamos um pouco, nos abraçamos e nos beijamos suavemente, ele precisava dali se retirar, pois fora incumbido de acender a fogueira e isso era a primeira coisa a ser feita para começarmos a nossa festa. Então ele saiu e foi para seu compromisso. Quando ele se retirou, senti uma imensa vontade de ir ao meu paraso nas águas límpidas e frias do pequeno riacho, pois durante todo tempo que lá vivi com meu amado povo e meu amado Paaulo, eu ia ao meu recanto quase todos os dias e, quando Paaulo não podia me acompanhar por causa de algum compromisso com os afazeres, ia sozinha.

Eu, na verdade, nunca me retirei daquele belo lugar enquanto vivi na carne, saí apenas por um tempo, no dia em que o Criador deu por encerrada minha missão na carne e enviou seu Anjo da Morte para recolher meu espírito imortal. Mas, mesmo vivendo em espírito, Ele me permitiu voltar ao meu belo riacho de águas límpidas e frias em meio àquela beleza toda vinda da mãe natureza e envolto por belas matas; a mim, Ele também deu de presente aquele belo e energético lugar.

Como já estava anoitecendo e a festa ia começar, deixei para ir ao meu paraíso ao amanhecer, pois lá sempre encontrava respostas para muitas de minhas perguntas; isso eu também aprendi com meu velho, amado e sábio pai, que me preparava desde que eu ainda era criança para saber ouvir em meio ao silêncio da natureza, e tudo isso foi aprimorado com os ensinamentos de minha amada dona Kalizê, que não poupava esforçou em me ensinar muito do que ela sabia.

Banhei-me, depois me perfumei e me vesti lindamente para dançar com meu esposo amado e mais belo daquela festa e encantar com nosso amor e alegria todos os presentes.

Ao chegar ao local da festa, próximo ao acampamento e ao nosso canto, mas um pouco distante da mata por causa da imensa fogueira para que assim o fogo não maltratasse as belezas da mãe natureza contidas ali, pois o respeito que meu amado povo tinha pela mãe natureza era sem igual, estava tudo preparado, os enfeites tirados da natureza em seus devidos lugares, a enorme mesa contendo vários alimentos carinhosamente preparados e muitas frutas. Foi quando avistei meu amado Paaulo em volta da fogueira já em chamas. Foi belo e gratificante ver o brilho de seus claros cabelos sob o clarão do fogo. Quando ele me viu, me deu aquele lindo e discreto sorriso e veio correndo em minha direção, parecia uma criança, mas era um belo homem. Enquanto corria em minha direção, seus cabelos voavam, seus olhos cor de mel brilhavam e ele se jogou em cima de mim. Com o forte impacto de nossos corpos, caímos sobre o chão. Seu coração estava acelerado, sua respiração ofegante e seu corpo quente como as chamas da daquela imensa fogueira. Meu desejo por ele nesse momento foi tanto, que precisei mudar o foco da minha visão. Ele, percebendo meus desejos e ainda ali no chão sobre meu corpo, puxou meu rosto, pois eu havia desviado o olhar do dele, olhou-me nos olhos e sorriu discretamente, mas dessa vez com malícia de homem e disse-me:

– Acompanhe-me, minha amada, até o nosso canto para que eu possa lhe ajudar a se arrumar novamente, pois a queda que lhe causei amassou e sujou de terra seu belo vestido. Então, nesse momento, fui eu quem sorri discretamente com malícia de mulher e disse-lhe:

– Jamais recusarei um pedido seu, meu amado e belo esposo, ainda mais sendo um pedido de tamanha grandeza – nos levantamos do chão e fomos para o nosso canto de mãos dadas. Antes de sairmos, nos deparamos com dona Kalizê, que nos olhou com muita ternura e disse-nos:

– Aproveitem muito essa noite, se amem, dancem e sejam muito felizes, pois cada momento é único na vida, e essa noite o Criador e as divindades do tempo dedicaram especialmente a vocês dois. Portanto aproveitem ao máximo, pois um espírito imortal quando habita um corpo carnal é apenas para uma passagem, para sua evolução – após dizer essas palavras, ela nos abraçou com amor e ternura, segurou as mãos de Paaulo e disse-lhe: – Você está pronto – e fez uma cruz com seu dedo polegar na testa dele. Naquele momento pensei que ela estivesse dizendo que ele estava pronto para a festa, para a dança de logo mais. Mas como o Criador tem propósitos para cada um de seus filhos, não era para a dança, nem para a festa que dona Kalizê dizia que ele estava preparado!

Dali saímos e fomos para nosso canto. Lá chegando, ele, de imediato, foi me ajudando com meu belo vestido. Era um vestido vermelho púrpura, com detalhes em rendas azul-escuras, mangas largas até os cotovelos, bem justo até a cintura e de saia longa e muito rodada, contendo vários babados que misturavam vermelho púrpura com as belas rendas do azul-escuras, com decote avantajado, mas sem exageros, entre os seios eu usava um rosa amarela colhida da natureza; usava também colares, pulseiras, anéis, brincos e uma delicada correntinha em ouro sobre a minha testa presa aos meus cabelos. Senti-me muito bela vestida daquela forma. Todas as mulheres do nosso amado povo se vestiam de maneira parecida, sempre com belos vestidos coloridos e muitas joias. Eu, além de me sentir bela, também me amava, aprendi cedo com meu velho, amado e sábio pai que temos de amar nós mesmos primeiramente; além de ter aprendido com meu pai, dona Kalizê também dizia que o amor-próprio é o primeiro e o mais belo dos amores, pois sem ele não há como amar ninguém, não há como ser feliz nem como ser uma pessoa inteira.

# Capítulo 20

## A emoção de uma noite de amor intenso e especial

    Paaulo começou a desabotoar meu belo vestido; havia nele botões nas costas. Ele desabotoava com muita delicadeza enquanto cheirava meu pescoço e dizia-me:
– Você tem cheiro de flor, de fruta, mato, não consigo destinguir seu cheiro, mas sei que é o melhor que já senti em toda minha vida. Deve ser o cheiro do amor que sinto por você, e tenho certeza de que esse seu cheiro me acompanhará por toda eternidade quando eu dessa vida partir.
    Ouvindo essas palavras, me virei rapidamente e fiquei de frente a ele, meu coração acelerou, minhas pernas ficaram trêmulas e senti um arrepio que percorreu todo meu corpo. Senti uma sensação estranha com suas palavras. Mas ele não me deu tempo para refletir sobre nada e foi me segurando com firmeza e me apertando entre seus fortes braços. Pude ver o brilho de seus belos olhos cor de mel cheios de amor e desejo por mim. Nesse momento, desejei ficar presa entre seus fortes braços e nunca mais sair. Ele deslizava suas mãos sobre meu corpo, e o arrepio que naquele momento senti tinha nome e sabor. Demos início a um doce, longo e intenso beijo e, com muito amor, desejo, carícias e emoção, nos entregamos um ao outro e nos amamos com muita intensidade. Todos os sentimentos de amor eu senti por ele ali envolvida em seus braços, em seus lábios. Nossos corpos deslizavam um sobre o outro, molhados de suor e de desejo, nossas bocas só se desgrudavam para dizermos doces palavras de amor, nossa respiração ofegante, nossos corações acelerados batendo no

mesmo compasso, nosso cheiro se misturava e nossos olhos brilhavam tanto quanto a Lua cheia que já se fazia presente naquela noite. Não há palavras para expressar a emoção que eu senti nessa noite de Lua cheia nos braços de Paaulo. Sempre tínhamos grandes e emocionantes noites de amor, mas aquela me pareceu mais forte, mais intensa, mais especial, foram momentos diferentes dos já vividos com ele; se o mundo acabasse, eu nem perceberia. Naquele momento, para mim, não existia mais nada nem ninguém, apenas nós dois.

Não podíamos adormecer após esse belo, intenso e abençoado ato de amor, pois precisávamos voltar para o recinto da festa. Então nos recompomos, ficamos belos, com sorriso nos lábios, olhos brilhantes de alegria, felicidade e realização em meio à dádiva do mais belo dos sentimentos e voltamos para o local da festa.

Ao chegarmos lá, pude ver o clarão das chamas da fogueira e a luz da bela Lua cheia que brilhava intensamente para todos nós. Todo povo da região já se fazia presente e a festa já havia começado, mas quando chegamos, os músicos pararam de tocar e todos do nosso povo gritaram juntos: "Viva o mais belo casal da nossa festa!". Em seguida, reiniciaram a música para que eu e Paaulo dançássemos para todos. Como de hábito, ele segurou firmemente em minha cintura e me conduziu à dança, depois me soltou, colocou um de seus joelhos sobre o chão para que eu dançasse em sua volta enquanto ele batia palmas e sorria para mim. Eu dançava aquela canção como se estivesse flutuando e com sorriso nos lábios, alegria estampada no rosto e muito amor no coração. Com muita alegria, sensualidade, elegância e cabelos longos, lisos, negros e esvoassantes, dancei para meu amado Paaulo e para todos os presentes. Dançamos por algum tempo enquanto todos aplaudiam e, logo em seguida, todos entraram na dança conosco. Festejamos com muita alegria até alta madrugada e, quando todos se retiraram, eu e Paaulo fomos para o nosso canto; já estava quase amanhecendo. Quando lá chegamos, em consequência do cansaço que sentíamos, apenas nos beijamos suavemente e, com muito amor, nos abraçamos e adormecemos de corpos bem juntinhos.

A minha necessidade de ir ao meu paraíso no pequeno riacho era muito intensa, mas o cansaço tomou conta de mim, então adormeci nos braços de meu amado, mas despertei logo em seguida, por causa da ansiedade para colocar meus pés sobre as águas límpidas e frias do pequeno riacho e em meio àquele silêncio e àquela beleza para obter algumas respostas para as perguntas feitas a mim mesma e assim me sentir mais forte. Realmente estava me sentindo angustiada e não sabia direito a razão dessa angústia; então precisava mesmo ir ao meu paraíso naquele momento. Paaulo me segurava com muita firmeza mesmo estando dormindo, mas, devagar, consegui me soltar dos braços dele, não que eu quisesse, mas no momento era necessário. Fiquei um instante admirando e observando ele dormindo, como era belo aquele homem! Seus cabelos claros e compridos até os ombros estavam espalhados sobre o macio travesseiro, sua respiração suave, seu corpo úmido pelo calor da época e por estar colado ao meu e todo descoberto, usando apenas uma peça íntima deixando à mostra seu belo corpo de homem. Por um instante senti o desejo de me atirar em cima dele e amá-lo com todo meu amor e desejo de mulher e ficar em seus braços para sempre. Como eu amava aquele homem! Contive-me e não me atirei em cima dele. Ainda era muito cedo e, por causa do cansaço dele, acreditei ir ao pequeno riacho e voltar a tempo de me atirar em seus braços e novamente amá-lo com todo meu amor e desejo. Eu apenas passei minha mão suavemente em seu rosto e em seus cabelos, encostei minha narina em seu pescoço para sentir seu cheiro; o cheiro dele ficou em mim, parecia ter atingido meu cérebro e, mesmo após a morte de seu corpo carnal, eu sentia o cheiro dele por todos os cantos em qualquer lugar que eu estivesse.

    Retirei-me delicadamente para que ele não acordasse e, quando eu estava saindo, senti uma sensação desconhecida para mim, um mal-estar, meu corpo ficou trêmulo, senti um aperto no coração, parecia ser um mal físico e não sabia de onde estava vindo, fiquei mais um pouco ali observando Paaulo dormindo e sentindo esse incômodo. Minhas pernas estavam geladas e esse gelo percorria meu corpo, então pensei, mais uma razão para eu ir ao pequeno riacho e descarregar nas águas límpidas e frias todo aquele mal-estar e voltar mais forte e equilibrada para os braços de meu amado. Então deixei meu belo e amado esposo ali adormecido com seu belo corpo quase nu. Evidentemente que mais uma vez olhei para ele, eu o admirei e o desejei com todo meu amor, mas saí em seguida.

    Caminhei sobre a mata vagarosamente sentindo o perfume da natureza e observando toda aquela beleza oferecida pelo Criador para todos nós. Quando ao meu paraíso cheguei, apesar de ser ainda muito cedo, o sol já começava a mostrar sua beleza e brilhava sobre as águas límpidas e frias do pequeno riacho, mas o meu mal-estar ainda continuava. Então pedi licença às divindades do lugar, pois isso eu também havia aprendido, e fui entrando nas límpidas e frias águas do pequeno riacho e, como de hábito, me sentei sobre uma pedra para silenciar meu coração e minha mente. Só por algumas vezes eu me deitava sobre as folhas e flores semissecas embaixo da sombra de alguma árvore.

# Capítulo 21

## A presença do Anjo da Morte e o eterno amor que se despede da vida na carne

Fiquei um pequeno tempo ali sentada sobre a pedra com meus pés sob as águas, mas não tive tempo nem para silenciar meu coração e minha mente, pois ouvi uma voz suave vindo do meio da mata e gritando pelo meu nome: "Saraníííííííta". Gritou meu nome dessa forma umas três vezes. Parecia com um assobio. Nesse momento senti que todo o sangue de meu corpo havia congelado, não por medo, mas por não saber quem me chamava daquele modo e por naquele instante ter tido um mal pressentimento. Saí correndo de volta para o acampamento, mas dessa vez nem observei a beleza do lugar, a angústia e mal pressentimento tomaram conta do meu ser, só pensava em Paaulo enquanto corria e, quanto mais eu corria, mais longe parecia estar do acampamento. Foi quando tive a mais triste e dolorosa visão que meus olhos na carne puderam ter. Avistei o belo corpo do meu amado Paaulo estendido sob as folhas e flores semissecas já em seus últimos suspiros de vida na carne em meio àquela grande e verde mata. Nesse mesmo instante também avistei o Anjo da Morte do lado do corpo dele ali estendido.

Caí de joelhos do lado de Paaulo e soltei um grito de dor tão profundo que ecoou por toda aquela mata. Foi um grito de dor, de desespero com tanta intensidade, que pareceu balançar até as árvores.

Não existem palavras para expressar a dor que senti quando vi o belo corpo do meu amado ali estendido sobre as folhas semissecas, despedindo-se da vida na carne, e vi a presença do Anjo Morte do lado dele.

Achei que eu fosse enlouquecer, que não fosse suportar ver meu amado partindo para o outro lado da vida e ali me deixando. Enxerguei o Anjo da Morte, por vezes incontáveis eu pedi e supliquei para que ele recolhesse o meu espírito imortal e levasse para o outro lado da vida e não o de Paaulo; não suportaria continuar vivendo sem ele, preferia eu deixar minha vida na carne e ele continuar vivendo. Enquanto eu falava essas palavras para o Anjo da Morte, que não dizia nada, eu segurava a mão de Paaulo, abraçava seu corpo, cheirava seus cabelos, e muitas lágrimas rolavam sobre meu rosto e o desespero tomava conta do meu ser. Foi então que percebi que o Senhor Anjo da Morte virou-se em minha direção e com uma voz forte, aguda e taxativa disse-me: "Todas as vezes que me faço presente diante de um encarnado para recolher seu espírito imortal é porque o Criador me enviou e, se aqui presente agora estou, é com a permissão Dele; se vou recolher esse espírito agora, é porque a missão dele aqui em sua vida na carne já foi cumprida. Devolverei esse espírito ao Criador para que ele evolua em outros campos no outro lado da vida. Quanto a você, teve a permissão do Criador para que seus olhos carnais me enxergassem e também para ouvir o som da minha voz. Ou você acredita que isso é de merecimento de todos? Pois digo-lhe: não é! E quando você cumprir sua missão em sua vida na carne, eu, o temido Senhor Anjo da Morte, com a permissão do Criador, do seu lado me farei presente para recolher seu espírito imortal de seu corpo carnal e devolver a Ele, pois é essa minha missão diante do criador. E acredite: eu sou o temido Senhor Anjo da Morte, mas estou lado a lado com o Senhor Anjo da Vida. Pois se eu, o temido Senhor Anjo da Morte, sou enviado pelo Criador para recolher um espírito imortal de seu corpo carnal e devolver a Ele, do outro lado está o Anjo da Vida aguardando esse espírito para encaminhá-lo para à sua evolução em espírito. Mesmo que esse espírito tenha acertos rigorosos com a lei nos domínios da esquerda do Criador, ainda assim, o Anjo da Vida vai estar presente, ele está presente todo tempo que um espírito imortal vive na carne, retirando-se apenas quando apareço, porque é chegada a hora de recolher esse espírito e devolvê-lo ao Criador. É ele, o Anjo da Vida, quem o recebe, pois é nesse momento que ele se retira para ir receber esse espírito do outro lado da vida e dirigi-lo para sua evolução. Portanto, morte também é vida".

Pronunciou essas palavras e se ocultou da minha visão. O tempo todo que o temido Senhor Anjo da Morte falava, eu segurava a mão de Paaulo e muitas lágrimas rolavam sobre meu rosto. A dor que eu sentia atingia até minha alma, mas ainda assim ouvi com atenção cada palavra que ele pronunciou. Foi então que entre lágrimas, desespero e deitada sobre o corpo de Paaulo me perguntei:

– O que houve com meu amado esposo? Por que estava deixando sua vida na carne se ele era jovem e saudável? Foi quando levantei minha cabeça e fixei meus olhos sobre a mata e pude enxergar o vulto sumindo mata adentro da mais venenosa serpente que dali se retirava, deixando a marca de sua picada em um dos pés de Paaulo e seu mortal veneno por todo seu corpo. Ter a visão dessa maldita serpente só aumentou a minha dor e meu desespero. Foi quando Paaulo, mesmo sem ter forças para nada dizer, abriu seus belos olhos cor de mel e me permitiu vê-los por um instante e, com lágrimas neles, se fecharam para sempre em sua vida na carne. Em desespero eu abracei e apertei seu corpo entre meus braços, mas não mais sentia seu coração acelerado, seus braços me abraçando, seu corpo quente e molhado pelo desejo; não mais ouviria sua voz falando palavras de amor em meus ouvidos, não mais sentiria suas mãos deslizando sobre meu corpo, sua respiração ofegante, seus belos olhos cor de mel me olhando, nem seus doces lábios me beijando. Nenhuma dessas emoções eu viveria mais com meu amado Paaulo, pois ele acabara de partir e sozinha me deixava. Abracei tão forte seu corpo ali já sem vida, que parecia que meu corpo se colou ao dele enquanto o desespero tomava conta do meu ser. Foi nesse momento que dona Kalizê e todos do nosso povo se fizeram presentes.

# Capítulo 22

## *A imensa dor ao ver o corpo sendo recolhido do chão*

Dona Kalizê me tirou de cima do corpo de Paaulo, abraçou-me com todo seu amor e encostou minha cabeça em seu ombro, enquanto os homens de nosso amado povo recolhiam do chão o corpo do meu amado. A dor que eu sentia ao ver o corpo dele sem vida sendo recolhido do chão era imensa, grande demais para caber dentro do meu peito, então minhas pernas não suportaram o peso de meu corpo, o meu corpo não suportou o peso da dor da minha alma e desmoronei sobre o chão. Dona Kalizê tentou me segurar, mas não deu conta sozinha. Fiquei apagada por alguns minutos, mas logo despertei nos braços de dona Kalizê, sob os seus cuidados. Se não fosse seus cuidados, seu amor e suas sábias palavras, eu não teria suportado tamanha dor e teria enlouquecido. Senti-me um pouco melhor quando despertei entre os braços dela, seus cuidados e suas sábias palavras e, entre muitas, ela me dizia:
– Filha, nosso Criador assim quis, é a vontade Dele, portanto seja forte, seja a menina guerreira que você sempre foi, eu sei o quanto está sofrendo, mas não deixe se abater, apegue-se às alegrias que Paaulo lhe deu e aos momentos de felicidade e de amor que vocês viveram e, dessa forma, se fortaleça para que possa continuar vivendo. E sei que ele viverá para sempre em seus pensamentos e em seu coração.
Eu respondi a ela entre lágrimas:
– Como vou continuar vivendo sem Paaulo? Não me vejo nessa vida sem ele, e ela novamente me falou:

– Nosso Criador dá uma vida de cada vez para seus filhos viverem na carne, e nenhuma dessas vidas são coladas uma na outra, cada um tem a sua própria, para que assim todos vivam da maneira que Ele designou até cumprir sua missão na Terra. Até mesmo os espíritos que vêm juntos em um mesmo ventre são unos, cada um tem sua própria vida, sua essência. Portanto, Paaulo já cumpriu sua missão aqui na Terra, mas você ainda não. Então cumpra o restante que lhe falta com amor, fé, sabedoria, respeito, liberdade, caridade, e leve sempre o amor e a bondade em seu coração e em seus atos. Pois é isso que o Criador espera de você e de todos os seus filhos encarnados para que, assim quando chegar a hora de partir para o outro lado da vida, por já ter cumprido aqui correta e conscientemente sua missão, possa ocupar seu grau e degrau diante Dele quando lá chegar.

Com essas sábias palavras, eu me senti um pouco mais aliviada, mas a dor que sentia em meu coração parecia dor física, atingia até a minha alma.

Chegando ao acampamento, colocaram o corpo do meu amado Paaulo para ser banhado, primeiro com água e sal, depois com água limpa, ervas e essência de flores para que assim fosse purificado o corpo carnal que acolheu o espírito imortal dele durante sua passagem pela Terra. Para o meu amado povo, o corpo era sagrado e somente membros do nosso povo velariam o corpo dele, pois isso era de costume e nós éramos uma família, não era permitido a presença de nenhum estranho.

Durante todo tempo que foi velado o corpo de Paaulo, muitas preces e orações foram feitas, inclusive para as divindades do tempo para que ajudassem e zelassem por seu espírito enquanto fazia a passagem, pois há divindades do tempo atuando junto com o Senhor Anjo da Morte, assim como também há atuando junto com o Senhor Anjo da Vida.

Também havia um preparado feito com ervas, flores, essências e magias, que era borrifado no ambiente e em todos do nosso povo ali presentes; isso era feito em meio a preces e orações.

Durante todo tempo, dona Kalizê acalentou-me em seus braços, até os últimos instantes em que foi velado o corpo do meu amado Paaulo. Nesses últimos instantes, alguns membros de nosso povo começaram a tocar uma triste melodia de despedida e, nesse momento, senti que meu espírito deixava o meu corpo, tamanha era a minha dor. Era uma melodia suave que se misturava com minha dor e com minhas lágrimas. Enquanto eles tocavam a triste canção, aproximou-se outro membro do nosso povo, trazendo em suas mãos o instrumento musical de Paaulo, o mesmo que ele tocou as mais belas músicas que meus ouvidos puderam ouvir, uma quando se apresentou a mim e a outra dedicada a mim em nosso matrimônio. Muitas outras belas canções e melodias eu pude ouvir ele tocar, mas essas duas foram as mais especiais. Esse membro do nosso povo colocou o instrumento sobre o corpo de Paaulo ali sem vida. Nesse momento, eu me soltei dos braços de dona Kalizê e, em lágrimas e desespero, me atirei sobre o corpo de meu amado. Senti seu corpo frio, não sentiria o calor dele colado ao meu me enchendo de desejo. Suas mãos geladas jamais me segurariam firmemente pela cintura para me conduzir à dança, não mais dormiria em seus braços me sentindo a mulher mais amada do universo, seus lábios estavam serrados e frios, jamais sentiria o gosto de sua boca, e seus belos olhos cor de mel que tanto me fascinavam estavam fechados para sempre. Entrei em desespero ali agarrada ao seu corpo. Foi quando dona Kalizê me arrastou dali e para longe me levou para que eu não presenciasse a mais triste e dolorosa cena da minha vida, o sepulcro do corpo do meu amado Paaulo. Ela não me permitiu ver se foi sob a terra, se foi sob as águas ou se foi sob o fogo o sepulcro do meu amado. Apenas fui retirada do local, vendo pela última vez o corpo de Paaulo sem vida com seu instrumento musical sobre ele.

Após o sepultamento e de dona Kalizê ter me acalentado e dito palavras sábias as quais só ela sabia dizer, ela me trouxe de volta para o acampamento. Ela pediu que fosse defumado todo aquele ambiente com flores, ervas, essências e magias.

Após a defumação, ela pediu que todos se pusessem de joelhos para fazermos a prece de purificação.

Após todos esses procedimentos, ela reuniu todos de nosso amado povo e comunicou que não partiríamos por aqueles dias, que por mais algum tempo ficaríamos por ali até que todos estivessem prontos para seguirmos por novas estradas.

Mais um período se passou, mas a minha tristeza só aumentava pela falta de Paaulo. Eu cumpria os meus deveres diários, mas não encontrava alegria em nada.

# Capítulo 23

## *Amenizando a dor por meio de novos aprendizados*

Dona Kalizê, a cada dia que passava, tinha mais ensinamentos para me dar e me doutrinava com muito amor e paciência. Eu me apegava aos seus ensinamentos para amenizar a minha dor e assim elevar o meu espírito. Ela me ensinava sobre suas inúmeras magias, rezas, preces, benzimentos, oferendas e leituras das cartas e das mãos. Ensinou-me também a magia para manipular ervas, flores, frutas e outros elementos da natureza para a cura das doenças do corpo e do espírito por meio das mãos e dos elementos manipulados. Ficava fascinada e agradecida com esses ensinamentos e todos eu aprendia com facilidade, porque me dedicava a eles, pois, além de elevar meu espírito e amenizar a minha dor, eu também podia ajudar a mim e a meus irmãos necessitados por intermédio desses ensinamentos que foram oferecidos com muito amor por dona Kalizê. Ela dizia que eu possuía o dom da cura pelas mãos, que muito poderia fazer em prol dos que precisassem e tivessem fé no Criador, na força da mãe natureza e nas divindades que se fazem presentes em todos os cantos do universo. Também dizia que eu era sua melhor discípula.

Muitas vezes ela me levava em meu paraíso, só para não me deixar ir sozinha, e lá achava um dos melhores lugares para me passar muitos de seus ensinamentos; ela usava sua magia com elementos da natureza, que era o que mais havia por lá, usava e me mostrava para que eu aprendesse; dizia que era mais grandioso eu aprender vendo ela praticar. Mas, todas as vezes que lá chegávamos, lágrimas de meus olhos caíam, mas, em seguida, eu me fortalecia e me dedicava aos ensinamentos que, com muito amor, me eram oferecidos e meu Criador me permitiu aprender. Muito me dediquei e aprendi durante esse tempo que meu povo permaneceu por lá.

Após esse longo período de aprendizado com aquela sábia e bondosa senhora, em uma manhã comum para nós, logo ao nascer do sol, dona Kalizê reuniu todos de nosso amado povo novamente e comunicou que partiríamos no dia seguinte; pediu que todos comessassem as arrumações para pegarmos a estrada e, dessa vez, sem festa de despedida, como era de hábito fazer quando chegavam a um determinado lugar e outra quando desse lugar partiam. Todos começaram as arrumações, menos eu. Tudo que meu velho, amado e sábio pai me ensinou sobre a vida e o vasto ensinamento que obtive com minha sábia bondosa e amada dona Kalizê já eram suficientes para eu me sentir forte e dar conta de mim mesma sozinha. E como sempre fui uma mulher decidida, resolvi que daquele belo e mágico lugar, onde eu vivi todas as emoções da vida, onde eu fui a mulher mais amada e feliz do universo, não sairia até o dia em que o Criador me permitisse viver na carne.

Quando a noite se fez presente, mostrando os encantos da Lua nova, todos já estavam com quase tudo arrumado para partirem no dia seguinte. Então, fui falar com minha amada e mestra dona Kalizê. Posicionei-me em sua frente com todo respeito que lhe tinha e segurei firmemente em suas mãos; olhando em seus meigos e firmes olhos, falei-lhe:

– Minha amada, sábia, bondosa e mestra dona Kalizê, como sei que de alguma forma é de seu conhecimento que eu daqui não sairei, venho lhe confirmar apenas e dizer-lhe que a senhora e todo seu povo são meu povo também, vocês são a minha família, a que me acolheu com amor e me ensinou o que é viver com alegria, liberdade, amor, respeito e harmonia. Sinto-me parte de vocês, serão sempre meu amado povo, e pode ficar certa de que farei bom uso de todos os seus ensinamentos. Perdoe-me, minha amada mestra, não estou abandonando nem renegando meu amado povo, mas meu coração não me deixa partir daqui. Ela me abraçou fortemente e disse-me:

– Este fato eu já conhecia desde o dia em que aqui chegamos, foi por isso que a preparei e só agora decidi daqui partir porque sei que já está pronta para assumir o comando de sua vida e seguir sua nova caminhada, sei que transformou a sua dor em algo belo e grandioso, que ajudará seu semelhante. Muitos transformam suas dores em ódio, mágoa e blasfêmia ao Criador e, com isso, perdem suas almas na escuridão, mas você, acredito, fará diferente. Todos os encarnados podem transformar suas dores em algo bom, algo generoso e benéfico, podem buscar o conhecimento em todos os campos da vida e fazer bom uso desse conhecimento em prol de si e de seus semelhantes. De tempos em tempos, se nosso Criador permitir, por aqui eu passarei com nosso amado povo, mas como conheço um pouco dos desígnios Dele, já estou preparando Dalzira para guiar nosso povo quando eu precisar daqui partir. Estou ciente de que ela fará um ótimo trabalho e bom uso de tudo o que já tem conhecimento.

Dona Dalzira era uma mulher madura, mas não tinha idade avançada. Devo dizer que era uma senhora por volta de seus 50 anos, era muito sábia e dedicada ao nosso amado povo, mas ainda tinha muito para aprender com a vida e dona Kalizê, para só então guiar nosso amado povo quando chegasse o momento.

Entre meu amado povo era costume, sempre havia uma pessoa, um homem ou uma mulher, que era preparada durante anos para suceder a anterior, caso fosse necessário por alguma razão. Mas digo-lhes: dona Kalizê só partiu no dia em que terminei minha missão na vida terrena; fomos para o outro lado da vida, em momentos próximos, mas distintos.

O dia amanheceu, o Sol já deixava o céu rubro preparando-se para nascer e era chegada a hora de meu amado povo partir por novas estradas. Dona Kalizê não quis fazer festa de despedida, como era de hábito deles, mas fez um pedido a mim que não tive como recusar. Ela pediu que eu dançasse expressando em meu rosto toda a alegria que ali vivi e que mostrasse ao dançar todo amor e bondade que existiam em meu coração. Os nossos músicos se posicionaram com seus instrumentos musicais em mãos e deram início a uma bela canção; todos gritavam pelo meu nome para que eu dançasse. Se esse era um desejo de minha amada mestra e de meu amado povo, eu jamais me negaria e também achei que devia essa alegria a eles. Então, com lágrimas no olhos e uma dor que feria minha alma fiz o que pediram, pois ali dancei nos braços do meu amado Paaulo enquanto ele segurava firmemente em minha cintura, seus claros cabelos voando com o balanço da dança e seus belos olhos cor de mel fixados aos meus. Meu coração chorava junto com meus olhos e com minha alma, mas me contive e, com firmeza, doçura, elegância e sensualidade, dancei para minha mestra e para todo meu amado povo, expressei em meu rosto toda a alegria que ali vivi e também mostrei ao dançar todo amor e bondade que havia em meu coração. Senti-me como se estivesse dançando para meu amado Paaulo, senti a forte presença dele ali em minha frente com um de seus joelhos sobre o chão e batendo palmas para que eu dançasse em sua volta enquanto ele sorria para mim. A presença dele foi tão forte naquele momento que pude sentir o seu cheiro, cheiro esse que nunca deixei de sentir um só dia da minha vida, mas naquele instante era como se ele estivesse em minha frente.

Após a dança, todos me aplaudiram e gritaram meu nome e, em seguida, se aproximaram para se despedirem de mim. Dona Kalizê me abraçou calorosamente e disse-me:

– Seja forte, minha filha, pois se os fatos são dessa forma em sua vida é porque tinham de ser assim, então que assim seja. Siga em frente guardando em seu coração e em seus pensamentos apenas aquilo que lhe impulsiona a viver.

Eu lhe agradeci por tudo e novamente lhe prometi fazer bom uso de todos os seus ensinamentos e de levá-los comigo por toda a minha vida. Então, com todo meu amor e respeito, beijei suavemente suas mãos e, após essas palavras, ela se retirou.

# Capítulo 24

# Guiando a própria vida com fé, amor, bondade e sabedoria

Despedi-me carinhosamente de todos, agradeci-lhes por todo amor, cuidado, acolhimento e ensinamentos e permaneci ali parada olhando-os partirem, ficando apenas eu e minhas lembranças – mas não apenas com minhas lembranças, fiquei também com conhecimentos suficientes para guiar minha própria vida.

Acreditei que sobreviveria bem por ali, pois quase todos daquela região já me conheciam e sabiam dos acontecimentos; além do mais, era um dos lugares que meu amado povo era bem aceito e respeitado.

Entrei em minha cabana e fui colocar minhas poucas coisas nos lugares. Meus pertences eram poucos, mas eram suficientes para minha sobrevivência. Eu não senti medo de nada nem de ninguém. Foi então que me lembrei daqueles ensinamentos já citados aqui do meu velho, amado e sábio pai, de que, ao se deparar com tudo e todos que lhes sejam desconhecidos, não tenha medo, tenha respeito e precaução. Aquele momento era desconhecido para mim, pois dali em diante eu levaria minha vida sozinha, mas, na verdade, nunca estive sozinha, pois apesar de existirem mistérios incontáveis que eram ocultos aos meus olhos e aos meus conhecimentos, eu possuía alguns ensinamentos, e quem os possui em qualquer campo da vida nunca está sozinho; isso é algo que ninguém nos tira e, onde quer que estejamos, sempre nos sobressairemos.

Eu também havia aprendido vários ofícios, como bordados em tecidos com linhas, belos trabalhos com rendas e barbantes, e todos da região apreciavam esses trabalhos e faziam suas encomendas, além da leitura das cartas e das mãos que havia aprendido bem e realizava com muita responsabilidade. Mas o que eu mais apreciava e amava fazer e fazia com amor, pois tinha muita fé no Criador e nas forças da natureza, era manipular ervas e flores e trabalhar com magias e benzimentos. Eu me envolvia de tal forma com esses belos trabalhos, que me sentia com o coração suave e de alma leve e, em pouco tempo após a partida do meu amado povo, me tornei conhecida por toda a região pelos meus trabalhos de cura por intermédio das ervas, magias e dos benzimentos.

Ao manipular as ervas e as flores para ajudar um irmão que a mim procurava por causa de seus males, eu utilizava a minha fé no Criador, os poderes e forças das ervas e flores, usava também as forças e poderes das magias juntamente com meu mental e com minhas mãos da cura. Mas antes de iniciar os trabalhos, eu pedia ao Criador que me fizesse instrumento Dele, que me guiasse, me amparasse e me fortalecesse para que eu pudesse ajudar aquele irmão se ele fosse merecedor. Dessa forma eu e o irmão recebíamos as bênçãos do Criador. Digo-lhes, muitos foram merecedores das bênçãos do Criador e foram curados de seus males do espírito e da matéria por meio da minha fé, do meu conhecimento, da minha dedicação e das minhas mãos da cura. Eu me entreguei a ajudar meus irmãos e dessa forma ajudar a mim também, pois a cada trabalho realizado, eu sentia meu espírito equilibrado e acalmava minha mente e minha alma. Como disse minha amada mestra dona Kalizê, eu transformei a minha dor e minha tristeza em algo bom e benéfico para mim e meus semelhantes. Sempre buscava a cura para mim mesma em primeiro lugar e me lembrava sempre das palavras do temido Senhor Anjo da Morte me dizendo que eu não havia terminado minha missão e que quando eu terminasse, com a permissão do Criador, do meu lado ele se faria presente para recolher meu espírito imortal. Então, até que esse dia não chegasse, resolvi cumprir minha missão da forma que eu acreditava aos olhos do meu Criador.

De nada adiantaria eu ter conhecimentos sobre ervas, flores, magias e benzimentos se não usasse o meu mental, se não tivesse fé, dedicação e amor pelo que fazia. Não adianta pegar ervas e flores sobre suas mãos se não sentir o perfume, a essência e a energia delas. É por meio do perfume, da essência e da energia das ervas que seu corpo e espírito já começam a ser curados e equilibrados; também de nada adianta iniciar um benzimento se seus pensamentos e sentimentos não estiverem positivos e equilibrados; assim como na magia, não adianta ser conhecedor dos mistérios mágicos se seu espírito, matéria, sentimentos e pensamentos não estiverem em harmonia. Todos os elementos com os quais eu trabalhava se tornavam mais fortes com o poder da minha mente e da minha fé.

Passei a visitar, sem exceção, todos os dias, o meu paraíso; lá eu buscava forças nas matas, no canto dos pássaros e nas águas límpidas e frias do pequeno riacho, e sentia o perfume do mato e das folhas semissecas. Lá eu ficava por algum tempo me energizando, observando a beleza daquele lugar e sentindo muito a falta de meu amado Paaulo.

# Capítulo 25

## Um amigo especial, sábio e iluminado

Eu quase sempre me sentava sobre uma pedra em meio à límpida e fria água do pequeno riacho, como era de meu hábito. Em uma dessas vezes, logo pela manhã, ali sentada sobre a pedra sentindo a água correndo sobre meus pés, o vento soprando meus cabelos, surgiu não sei de onde, pois não percebi sua chegada, um homem o qual nunca havia visto e, de imediato, dirigiu a palavra a mim perguntando:

– O que faz aqui tão cedo sozinha no silêncio ouvindo apenas o som da natureza?

Eu acreditei ser alguém que morasse ali pela região. Então nem me assustei com a presença dele, embora nunca tivesse encontrado ninguém por lá. Esse lugar era um tanto oculto, parecia ter sido reservado pela mãe natureza somente para mim. Podia até ser pretensão minha, mas me sentia dona daquele lugar. Então lhe respondi:

– Gosto muito deste lugar; aqui sinto meu corpo e espírito energizado, além de encontrar a paz de que eu preciso.

Como ele não era tão senhor na idade, eu lhe perguntei:

– E você, o que veio fazer aqui? Nunca o vi por aqui nem em outro lugar que me lembre. Ele respondeu:

– Eu também sou apreciador desse lugar, venho aqui sempre que posso, apenas não tínhamos nos encontrado ainda.

Havia uma raiz de árvore grande na beira do riacho e fincada na terra, era uma raiz bem antiga. Parecia um toco em forma de um pequeno banco feito pela própria natureza. Então ele falou:

– Vou me sentar aqui um pouco.

Eu lhe falei:

– Sente-se em uma das pedras; é mais confortável para você.

– Prefiro sentar-me aqui.

Eu lhe perguntei qual era seu nome, ele me disse:
– Pode me chamar Alonso. E você, como se chama?
– Saraníta.

A partir desse dia todas as vezes que eu lá chegava, em seguida ele chegava também e sentava-se no mesmo toco. O tempo foi passando e eu fui me acostumando com a presença dele e apreciando a sua companhia, fui me sentindo tão à vontade que parecia que já o conhecia há tempos. Eu falava de tudo o que havia acontecido em minha vida e ele ouvia com muita atenção, era como se ele já soubesse de tudo o que eu lhe falava. Ele era muito sábio e sabia usar cada uma de suas palavras, palavras essas que, de alguma forma, me confortavam e faziam com que me sentisse mais forte. Eu sempre preferia me sentar sobre a pedra em meio às águas límpidas e frias do pequeno riacho a correr sobre meus pés, mas algumas vezes eu me deitava sobre as folhas semissecas em alguma sombra das árvores para recarregar minhas energias, e quando me deitava, ele sempre surgia e sentava do meu lado, às vezes se deitava perto de mim e pronunciava belas e sábias palavras. Eu me sentia leve com a boa energia dele, e nos tornamos grandes e inseparáveis amigos.

Eu não havia parado para pensar que ele só surgia quando eu chegava a meu paraíso e não enxergava de onde ele vinha. Quando percebia, ele estava já se sentando em seu toco, falando comigo. Falava pouco, só o suficiente para que eu me sentisse segura em sua companhia. Tinha a impressão de que ele estava ali para me proteger de alguma forma e cuidar de mim, tinha essa sensação por causa de suas sábias e firmes palavras para comigo. Os meus dias eram muito ocupados cuidando de todos os que me procuravam precisando de ajuda. Então encontrar Alonso no riacho e ouvir suas sábias palavras era mesmo de grande valia. Eu gostava de ir ao meu paraíso sempre pela manhã, antes de começar meus trabalhos, os quais realizava com muito amor, fé e dedicação. Só por algumas vezes ia no fim do dia, mas ainda assim, Alonso aparecia.

Na qualidade de ser humano, algumas vezes me sentia cansada e sem energia; isso poucas vezes acontecia, mas todo ser humano, por mais equilibrado que seja, tem alguns momentos assim por causa de tantos afazeres. Ele se esquece da sabedoria que possui para cuidar primeiramente de si mesmo para só então cuidar dos irmãos, pois se não cuida de si primeiramente, acaba por baixar sua vibração ficando à mercê da negatividade. Mas quando isso raramente acontecia, evidentemente que eu corria para o meu paraíso e lá ia me refazer, e Alonso surgia de imediato, parecia que já conhecia meu estado e, nesse dia, ele não se sentava em seu toco, mas entrava junto comigo no riacho, enchia suas mãos com a límpida e fria água e jogava sobre minha cabeça, dizendo palavras em uma linguagem que eu não entendia nem conhecia. Em seguida ele erguia suas mãos para o alto, buscava energia e aplicava sobre meu corpo por três vezes e, logo após esse belo ritual, me abraçava fortemente e me soltava depois em um processo forte e rápido.

Após isso, eu me sentia tão leve como aqueles belos pássaros que voavam por toda aquela mata. Alonso foi para mim o amigo que todo ser humano deveria ter.

Os anos foram passando e de tempos em tempos meu amado povo por lá passava, mas com um espaço grande entre uma vinda e outra, fazia parada por algum período,, trazia com ele muita alegria e energia contagiante, pois já chegava fazendo festa. As festas que foram feitas lá todas as vezes que ele passava eram em homenagem à memória de meu amado Paaulo, mesmo quando já havia passado muitos anos da passagem dele, mas lá foi o último lugar em que ele viveu seus derradeiros dias de vida na carne. Ele sempre foi lembrado, em minha memória, em meu coração e no coração de todo nosso amado povo. Eu, mesmo não tendo mais a mesma alegria nem a mesma juventude, ainda dançava elegantemente para o meu amado povo e para todos que se faziam presentes em nossa festa, pois disso meu amado povo não abria mão e eu também me sentia bem dançando, relembrava minha juventude e como fui feliz e amada naquele mesmo espaço.

A cada vinda do meu amado povo de tempos em tempos, percebia que todos estavam envelhecendo, inclusive eu, pois essa é a lei da natureza para todos, mas notava também que dona Kalizê não envelhecia na mesma proporção que todos nós. A fisionomia dela pouco mudava durante os anos, tinha o mesmo brilho no olhar e a mesma luz que eu sempre via nela. Aliás, dona Kalizê e Alonso eram muito semelhantes, ambos tinham o mesmo brilho e a mesma luz, também eram parecidos em suas sábias palavras.

## Capítulo 26

# Um dos mais belos trabalhos de cura

Mais um longo tempo se passou e eu continuava a cuidar de todo o povo da região que vinha em busca de ajuda. Chegavam pessoas com vários tipos de enfermidades, algumas apenas físicas e outras espirituais, ou das duas formas ao mesmo tempo, e todos que eram merecedores o Criador me dava a graça de ajudá-los. Houve um dia em que lá chegou uma mãe com seu filho pequeno em seus braços em desespero, essa criança estava desacordada e espumando pela boca. Essa mãe, aflita, atirou a criança em meus braços. Não tive tempo nem para manipular as ervas adequadas para aquela situação. Como não se deve entrar em uma luta desarmado, seja em qual for, eu, além de todas as armas que possuía pelos meus conhecimentos para lutar contra os males do corpo e do espírito dos meus irmãos, possuía também um lençol branco imantado com uma forte magia que eu só usava para trabalhos específicos. Então, com muita agilidade, estendi o lençol sobre a terra e deitei sobre ele aquela criança desacordada e espumando pela boca, tudo em um gesto rápido. Ergui minhas mãos para o alto, espalmadas, e clamei ao meu Criador que me fizesse instrumento Dele, me amparasse, me fortalecesse e que me enviasse as energias, as vibrações e as irradiações divinas, me intuísse e me desse permissão para eu usar a magia que fosse necessária para ajudar aquela criança usando minha mãos. Busquei energia do alto e direcionei minhas mãos sobre o pequeno corpo daquela criança e, nesse momento, senti como se estivesse segurando brasas, minhas mãos queimavam como fogo. Nesse mesmo instante eu soube quais palavras dizer e qual magia usar em prol daquela criança. Trabalhei o corpo e o espírito daquele inocente que sofria uma terrível ação negativa por erros cometidos pelo seu maldoso pai. Momentos após ter terminado o trabalho, a pequena criança movimentou seu corpinho e chamou pela mãe. Nesse instante, eu coloquei meus joelhos sobre o chão e agradeci ao meu Criador por tamanha bênção, por tamanha graça que Ele me permitiu realizar. Foi muito gratificante ver aquela mãe chorando de alegria, emoção e abraçando seu filho curado. Esse foi um dos mais belos trabalhos que em vida na carne meu Criador me permitiu fazer.

Nesse tempo eu já era muito conhecida pelos meus trabalhos e quase todos me chamavam de dona Saraníta, a curandeira. Sentia-me honrada por o Criador ter me dado esse dom; por nenhuma vez eu cobrei qualquer valor pelos meus trabalhos, isso para mim era um dom divino e sagrado para que pudesse ajudar a mim mesma e a quem de mim precisasse. Muitos dos que vinham buscar ajuda me traziam presentes e alimentos, mas isso eles faziam por livre e espontânea vontade, e sempre aprendi que não se deve recusar um presente, mesmo que eu precisasse purificar com minhas magias cada um dos presentes e dos alimentos. Aceitava, mesmo porque fui discípula da dona Kalizê, nem ela nem ninguém do nosso amado povo recusavam um presente, mas ninguém o usava antes de passar por uma das magias de purificação, inclusive os alimentos. Esse, sem dúvidas, é um povo sábio!

Mais um período se passou, e achei que meu amado povo estava demorando muito para voltar a passar por lá. Eles costumavam demorar um longo tempo para vir, mas dessa vez senti que era muito tempo. Então, em uma tarde, após grandiosos trabalhos realizados, fui ao meu paraíso, me sentei na mesma pedra de anos e senti a límpida e fria água correr sobre meus pés, firmei meu mental em meu amado povo e, nesse mesmo instante, pude ver nitidamente uma bela senhora trajando uma linda veste de cor lilás ali em minha frente em meios às águas. Ela falou-me:

– Aquiete seu coração, mulher, seu amado povo já vem chegando e desta vez com uma missão especial por aqui. Prepare seu espírito e sua matéria para viver com eles grandiosos momentos em sua vida na carne – quando abri minha boca para falar, ela, como um relâmpago, desapareceu da minha frente. Mas pude ver a suavidade em seu rosto, sua linda veste, e ouvir aquelas doces e suaves palavras me deixaram de alma e coração leves.

Assim que a bela senhora desapareceu, quem chega e senta-se em seu toco de árvore? Ele mesmo, meu amado amigo Alonso. Contei-lhe o fato que acabara de acontecer, ele simplesmente sorriu e disse-me:

– Não se preocupe, já está preparada para esses grandiosos momentos que irá viver com seu amado povo, minha grande amiga – ele me disse essas palavras e mudou o assunto para que eu não lhe perguntasse nada. Como era sábio esse meu grande amigo!

Muitos anos já haviam se passado após a morte de meu amado Paaulo e eu nunca mais tive olhos, nem sentimentos por outro homem. Paaulo foi o primeiro, único e último homem da minha existência. Mas se não coloquei outro homem em minha vida, foi por opção minha, pois eu até meus últimos dias de vida na carne, fui abençoada pelo Criador. Ele me permitiu manter a beleza e os encantos de uma mulher madura. Fui muito cortejada pelos homens da região, alguns deles me diziam que eu era uma bela senhora, cheia de ternura no olhar. Mas a nenhum deles eu desejei. Meu corpo, meus sentimentos, meus desejos e meu eterno amor sempre foram de meu amado Paaulo. Eu, enquanto vivi na carne, nunca me esqueci um dia sequer do meu amado e, mesmo tendo passado muitos anos de sua passagem, eu, quando fechava meus olhos no silêncio da noite, ainda podia sentir sua presença, seu cheiro e ouvir aquela bela melodia que ele dedicou a mim no dia do nosso matrimônio. Aquele suave som ainda ecoava em meus ouvidos e muitas vezes em sonho eu o via tocando para mim e sorrindo discretamente. Eu o via em meus sonhos como se ele ainda vivesse na carne. Acreditava que era apenas sonho!

# Capítulo 27

# A chegada do amado povo, a especial missão e os grandiosos momentos

Mais alguns dias se passaram após as palavras daquela bela senhora e meu amado povo lá chegou. Nessa época, alguns membros do nosso amado povo já haviam feito suas passagens para o outro lado da vida por causa da idade, e dos que se foram, um deles foi o nosso amado mestre cerimonial, o senhor Horland. Mas estes são sem dúvida os ditames da lei da natureza: nascemos, crescemos, envelhecemos e partimos deixando nossos corpos na carne. Mas algumas vezes apenas nascemos e partimos, em outras, nem nascemos, partimos ainda do ventre, basta apenas que nosso Criador determine o dia e a hora de irmos e não importa a idade que temos nesse dia. Se Ele determinou, não temos nem um dia a mais nem um dia a menos. Por isso devemos viver da melhor forma possível, buscando alegria, amor, sabedoria, bondade, harmonia e conhecimento, pois minutos após deixarmos a vida na carne, começamos a viver em espírito. Tudo o que aprendemos e o bom uso desse aprendizado que fazemos em nossa vida terrena levamos para o outro lado da vida para lá nos aperfeiçoamos, evoluirmos e assim podermos trabalhar em espírito com um conhecimento muito maior do que quando encarnados. Não devemos buscar aprendizado, conhecimento, evolução apenas pela dor e pelo sofrimento, podemos buscar também pelo amor e pela alegria, mas grande parte dos encarnados não acredita nesse fato e espera a dor e o sofrimento baterem em suas portas para só assim correr em busca do aprendizado, do conhecimento e da evolução. Outros, mesmo com dor e sofrimento, não vão em busca de nada que lhes fortaleça, que lhes dê sabedoria, que lhes dê equilíbrio, preferem a blasfêmia contra o Criador e acabam se perdendo ainda mais em seus tormentos, em sua amargura, em sua ignorância e na escuridão dos seus próprios íntimos.

Eu ainda era uma jovem senhora, pois nós do nosso amado povo sempre nos alimentávamos muito bem e vivíamos com amor e alegria e, como não permiti que a tristeza tomasse conta de mim e optei por buscar mais conhecimento, aperfeiçoar o que eu já conhecia e com amor trabalhar em prol de meus semelhante – como já citei, antes de cuidar dos meus semelhantes, eu cuidava primeiro de mim –, então mesmo por volta dos meus 50 anos mantive meu espírito jovem e não mostrava nem rosto nem no corpo ser uma mulher dessa idade.

Então meu amado povo chegou para a tal e especial missão e grandiosos momentos, os que aquela doce senhora no pequeno riacho me falou. Eles chegaram pela manhã e, logo em seguida, já trataram de organizar uma festa para logo mais à noite. Esse povo era movido à alegria, não se via nenhum deles entristecidos, o amor e a bondade faziam parte de seu cotidiano.

Quando a noite se fez presente já estava tudo devidamente preparado para uma grande festa. O aroma das comidas e bebidas, o cheiro das flores e o clarão da fogueira, tudo isso me alegrava a alma e trazia de volta as grandes lembranças e os belos momentos que ali vivi; sempre sentia a forte presença de Paaulo.

Dona Kalizê abraçou-me carinhosamente e disse-me:

– Essa festa de hoje é especial para mim, para você e para Alonso.

Eu acreditava que ela soubesse da existência de Alonso por eu falar muito dele para ela, mas ele nunca havia estado presente com dona Kalizê nem com meu amado povo, assim pensava! Não entendi as palavras dela, mesmo porque ela pronunciou essas palavras e me puxou em seguida em meio aos outros membros do nosso amado povo. Como sempre acontecia em nossas festas, todas as vezes que eles por lá passavam, já se faziam presentes muitas pessoas para apreciarem nossa bela e especial comemoração. O enorme fogo da fogueira queimava a lenha e mostrava seu clarão e beleza, aquecendo todos os presentes. Antes que os nossos músicos começassem a tocar para que todos dançassem, dona Kalizê pediu licença a todos, e aos membros do nosso amado povo solicitou que fizessem um círculo em volta da grande fogueira. Ela segurou em uma das minhas mãos em nosso círculo. Após estarmos todos de mãos dadas em forma de círculo em volta da grande fogueira, ela deu início a uma bela prece dedicada às divindades do fogo. Essa bela prece, até então eu não conhecia, nem eu nem os demais do nosso amado povo, apenas dona Kalizê sabia as belas palavras dessa oração. Era tão bela aquela prece, que me emocionei e lágrimas de meus olhos caíram, no mesmo instante em que Alonso se fez presente pela primeira vez em nossa festa, entrou em nosso círculo e segurou em minha outra mão, de forma que fiquei entre os dois melhores amigos que um ser humano podia ter!

Ao terminar a bela prece dedicada às divindades do fogo, os músicos começaram a tocar e todos entraram na dança com muita alegria até a alta madrugada. Eu, com minha elegância, sensualidade e segurança de uma mulher madura, dancei para meu amado povo e para todos os presentes e, dessa vez, com os aplausos do meu grande amigo Alonso que ficou próximo de mim durante toda a festa.

A partir do primeiro dia em que Alonso se fez presente em meu pequeno riacho, eu tive a companhia dele enquanto o Criador me permitiu viver na carne. Ele acalmava meu coração, fazia com que me sentisse mais forte e, com suas belas e sábias palavras, me ensinava muito. Ele também foi um mestre em minha vida. Era gratificante vê-lo sentado em seu toco de árvore, ou em meio à límpida e fria água do pequeno riacho, ou do meu lado em meio às folhas semissecas ou então fazendo seu belo ritual com as águas e me abraçando fortemente quando, por alguma razão, me sentisse fraca. Ele cuidou de mim e tornou minha caminhada terrena mais leve. Alonso foi, é e sempre será eternamente especial para mim.

Já era alta madrugada quando terminou nossa festa. Após todos se retirarem, Alonso se despediu de mim beijando suavemente minhas mãos. Todos do meu amado povo foram repousar. Fiquei ali olhando e admirando o fogo da figueira que já estava se desfazendo deixando apenas brasas rubras, eu apreciava esse momento. Após um tempo ali, eu me retirei e fui repousar também.

# Capítulo 28

## A última visita ao pequeno riacho e a voz aguda e taxativa do Senhor Anjo da Morte

Muito pouco repousei, o dia começava a mostrar sua claridade quando despertei e senti um desejo, uma necessidade imensa de ir ao meu paraíso e molhar meus pés na límpida e fria água do meu pequeno riacho. Acreditei que esse imenso desejo de ir tão cedo lá era por causa do cansaço em virtude da festa que durou até alta madrugada, e lá em meu pequeno riacho eu realmente me refazia. Antes de sair, senti também uma vontade imensa de pegar meu belo penacho, aquele que dona Kalizê carinhosamente fez com suas próprias mãos e me deu de presente no dia do meu matrimônio com Paaulo. Eu poucas vezes peguei nele, mas, como sempre, guardei com cuidado e carinho, ele estava conservado e perfeito, apesar de tantos anos. Arrumei-o em minha cabeça, deixando meu cabelo todo solto, pois ainda mantinha ele longo, mas não era mais tão negro como antes, a natureza se incumbiu de tingir alguns fios dele de branco. Ao colocar o penacho sobre minha cabeça, eu me senti com o frescor da juventude como no dia em que o ganhei de presente.

Saí calmamente, pois todos ainda estavam repousando. Caminhei devagar em meio à mata, observando tudo por lá. Eu me sentia bem em meio à mata, achava muito belo aquele verde, o perfume das flores, as sombras das árvores, o cantar dos pássaros, tudo para mim era um mistério a ser decifrado.

Ao chegar ao meu pequeno riacho, entrei mas águas e sentei-me na pedra como de costume, em seguida, levantei-me e deitei-me sobre as folhas semissecas sob a sombra de uma enorme e bela árvore. Achei estranho Alonso não ter chegado, pois todas as vezes, assim que eu chegava lá, ele vinha depois. Mas só o Criador sabia quem naquele momento chegaria enviado por Ele antes do meu amado amigo Alonso.

Fiquei um tempo ali deitada sob a sombra da enorme e bela árvore, quando, sem saber a razão, comecei a sentir uma dor em meu peito, dor essa que nunca havia sentido antes. Então, levantei-me calmamente e senti minhas pernas um pouco trêmulas. Entrei bem devagar dentro da água límpida e fria do pequeno riacho novamente, mas dessa vez não me sentei na mesma pedra de hábito, sentei-me em outra maior que havia ali e que, se necessário, eu conseguiria deitar-me sobre ela caso a dor continuasse. Fiquei um tempo sentada na pedra sentindo sobre meus pés aquela límpida e fria água e, mesmo com aquela dor, observava a beleza daquele lugar. Todas as vezes que eu lá chegava, observava incansavelmente aquela beleza. Muitos anos se passaram e a mãe natureza e os humanos daquela época mantiveram aquele local com a mesma beleza, com o mesmo encanto. Como era belo aquele canto em meio à natureza! Permaneci um tempo ali sentada e sentia que a dor em meu peito só aumentava. Em curto tempo, aquela dor ficou tão forte que eu mal conseguia respirar. Então, deitei-me sobre aquela pedra de rosto para cima, olhei para o lindo céu azul, ergui minhas mãos para o alto e clamei ao Criador e às forças na natureza que me desse amparo e me fizesse forte para eu passar por aquele momento. Nesse mesmo instante em que clamei ao meu Criador e às forças da natureza, senti a dor do meu peito diminuindo, mas senti também que meu coração quase não tinha mais forças, e minhas pernas e meus braços pareciam não estar em meu corpo. Nesse mesmo instante, em meio às águas límpidas e frias do pequeno riacho, às folhas e às flores semissecas, ao canto dos pássaros e, diante daquela imensa beleza, surgiu do meu lado com sua voz forte, aguda e taxativa o temido Senhor Anjo da Morte, permitindo-me vê-lo nitidamente, apenas ocultando dos meus olhos o seu enigmático rosto. Mas medo eu não senti. Então, o temido Senhor Anjo da Morte disse-me:

– Assim como lhe prometi, quando terminasse sua missão na carne eu me faria presente do seu lado, enviado pelo Criador para seu espírito imortal recolher do seu corpo carnal, aqui estou eu! Com muito esforço movi minha cabeça para vê-lo melhor, e quem se faz presente ali naquele momento também? Ele mesmo, meu amado amigo Alonso, mas dessa vez não veio só, com ele estava minha amada mestra dona Kalizê. Eu nada falei, mas fiquei feliz em ver meus dois amigos amados ali presentes em meus últimos momentos de vida na carne. Cada minuto que passava, sentia minha visão fraquejando cada vez mais, e se era chegado o momento de fazer minha passagem para o outro lado da vida, eu não sentia medo de partir, pois, apesar de todas as tristezas que vivi em minha vida na carne, minhas alegrias foram maiores e eu tinha muita fé e me considerava uma mulher abençoada pelo Criador; se era chegada a minha hora de partir, bem acompanhada naquele momento eu já estava!

# Capítulo 29

## Partindo para o outro lado da vida em companhia de dois sábios Mestres

Dona Kalizê segurou em uma das minha mãos e disse-me:
– Amada filha, hoje termina nossa missão juntas aqui na Terra nesta vida, pois bem sabe que eu estive presente durante toda sua caminhada terrena, desde quando ainda era uma criança, pois a mim o Criador incumbiu a missão de zelar e cuidar de você, para que não caísse em meio às suas dores e tristezas; também vim para ensiná-la tudo o que seria necessário para que cumprisse aqui na Terra sua missão e, se você fez bom uso dos ensinamentos que lhe dei, maior uso deles fará em sua vida em espírito, pois todos os ensinamentos que lhe dei aqui em sua vida terrena do lado espiritual serão ampliados e fortalecidos, juntamente com outros que obterá. O nosso Criador lhe presenteou com as mãos da cura as quais levará consigo por toda sua eternidade e que, na vida terrena, já soube usar de forma correta em prol de seus irmãos. Agora o Criador tem outros propósitos para você no outro lado da vida. Seguirei contigo, pois enviada pelo Criador, eu me materializei para estar do seu lado até que cumprisse sua missão, mas também fui enviada com a missão de amparar, zelar e trazer mais conhecimento para o meu amado povo que caminha junto comigo estrada afora levando a alegria, o amor, a liberdade, a magia e a bondade por onde passamos. Meu amado povo, existiu, existe e sempre existirá e se renova de tempos em tempos, é um povo que alegra os olhos do nosso Criador por sua ações, por sua fé e respeito pelas forças da natureza, pois, em cada

folha, cada flor, em cada canto da natureza está a presença do nosso Criador. Essa não foi a primeira, nem será a última vez que o Criador me permite caminhar e trazer ensinamentos a eles, e onde meu amado povo está, eu me faço presente em espírito ou em matéria. Eu lhe acompanharei em sua passagem, pois em espírito eu já vivo há tempos incontáveis, apenas me materializei por desígnios do Criador para ampará-la, mas hoje retorno junto com seu espírito imortal e ocupo meu trono diante do Criador.

Dona Kalizê pronunciou essas palavras e apertou fortemente a minha mão. Alonso segurou-me pela outra mão e falou-me:

– Assim como dona Kalizê, eu também já vivo em espírito há tempos incontáveis e me materializei enviado pelo Criador para dar-lhe sustentação, alento, fazê-la forte e não permitir que a dor e o sofrimento tomassem conta de seu ser quando aqui ficou sozinha. Mas esse presente divino você só recebeu porque é merecedora, por sempre ter agido com amor e com bondade, nunca teve ódio nem rancor em seu coração, mesmo quando as circunstâncias a obrigaram a isso. Não teve medo de enfrentar os obstáculos que a vida lhe impôs, sempre teve fé e aprendeu com amor e dedicação tudo que a você foi ensinado, pois de nada valeria os meus ensinamentos e os de dona Kalizê se você não quisesse aprender, não tivesse amor e dedicação por eles. Eu a acompanharei até os campos dos aprendizados maiores para só então ocupar meu grau e degrau perante o Criador e, quando seu espírito imortal chegar ao outro lado da vida, só após ter estado pelo tempo necessário nos campos dos aprendizados maiores é que estará apta a ocupar seu grau e degrau diante do Criador, mas até lá acompanharei o seu espírito imortal, e nos caminhos até chegarmos aos campos dos aprendizados maiores, eu com amor lhe mostrarei e lhe ensinarei todos os mistérios pelos quais passarmos.

Até em meus últimos momentos de vida na carne, Alonso ainda estava me dando ensinamentos, como era iluminado, bondoso e abençoado meu amado amigo!

Ele terminou de dizer suas sábias palavras, apertou fortemente a minha mão e a beijou. Eu nada pude dizer, mas senti uma suave energia, uma enorme paz e uma leveza na alma como se estivesse flutuando. Meu coração foi silenciando, minha respiração enfraquecendo, minha visão se desfazendo, e ali em meu paraíso deitada sobre a pedra em meio às águas límpidas e frias do meu pequeno riacho, junto à mata, às flores, aos pássaros as folhas semissecas, ao perfume da natureza e, ao lado dos meus dois amados mestres, deixei meu corpo carnal e parti para o outro lado da vida em busca da minha evolução em espírito.

# PARTE II

# Capítulo 1

## As últimas palavras do temido Senhor Anjo da Morte no outro lado da vida

Tudo me pareceu tão rápido como se eu tivesse adormecido suavemente, só que me despertei em outra dimensão da vida. Foi assim que me senti, em uma outra dimensão! Deparei-me com um imenso portão e parada em frente a ele eu fiquei, não dei nenhum passo. Do lado de dentro desse portão, pude ver sobre uma suave claridade vários espíritos envoltos por muitos raios de luzes coloridas, via também o vento soprando e balançando suas bonitas vestes. Meus olhos, em espírito, tiveram ali sua primeira e bela visão. Eles se pareciam com humanos, mas não se moviam, e se eles estavam parados do lado de dentro daquele imenso portão, eu parada também estava do lado de fora dele. Foi quando se fizeram presentes aos meus olhos dois belos Senhores. Mas ali eles já estavam, só que eu ainda não havia tido permissão para vê-los até aquele momento. Um desses Senhores ficava posicionado do lado direito do imenso portão e voltado para dentro dele o outro Senhor estava posicionado do lado esquerdo do portão e ficava voltado para o lado de fora dele. Por alguns instantes eu os observei. No mesmo momento em que pude ver do lado de dentro do portão na frente daqueles espíritos envoltos por raios de luzes coloridas, vi também um belo senhor trajando uma veste toda branca, balançando com o vento e envolta por faíscas de luzes. Ele abriu seus braços em minha direção, convidando-me a entrar. Nesse instante, dei alguns passos para a frente em direção ao enorme portão. Ao chegar lá, me curvei diante dos dois Senhores, o da direita e o do esquerda; eu lhes pedi licença para me dirigir até aquele belo senhor de vestes brancas. Mas ainda no portão, sem ter dado nenhum passo para dentro, o temido Senhor Anjo da Morte me permitiu vê-lo novamente, na verdade ele estava do meu lado até aquele momento. Então ele me falou com sua voz forte, aguda e taxativa:

– Minha missão contigo termina aqui e, como já lhe falei, morte também é vida, por isso veja com seus olhos em espírito quem é o senhor de vestes brancas que a aguarda de braços abertos do lado de dentro do portão. Ele está ali para receber seu espírito imortal, portanto não é necessário que eu lhe diga mais nada.

Pronunciou essas palavras e mais uma vez, sem permitir que eu enxergasse o seu enigmático rosto, ele partiu.

Após as palavras do temido Senhor Anjo da Morte e a permissão dos dois Senhores que guardavam o imenso portão, entrei portão adentro e me atirei nos braços daquele belo senhor de vestes brancas, o qual eu acabara de saber quem ele era. Ele me abraçou com tanta ternura e suavidade que a paz tomou conta de meu ser. Senti-me cheia de vida em espírito. Após esse belo ato de amor e de vida, todos os outros espíritos que lá estavam envoltos por raios de luzes coloridas me receberam com um carinhoso e terno abraço. Muita emoção eu senti naquele momento e, em meio a todos aqueles espíritos iluminados, eu pude ver ali também o meu amado amigo de todas as horas e que tornou minha caminhada terrena mais leve, Alonso.

Foi muito gratificante ver Alonso em meio àqueles espíritos iluminados. Ele usava uma bela e suave veste, e sua fisionomia não era a mesma de quando vivemos na carne, estava leve e suave. Ele me abraçou fortemente e disse-me:

– Conforme lhe prometi em seus últimos momentos de vida na carne, eu a acompanharei até os campos dos aprendizados maiores e, só após esse ato, vou ocupar meu grau e degrau diante do Criador e, digo-lhe, meu grau e degrau é semelhante ao seu, pois em vários campos e sentidos da vida nós trabalhamos juntos, e mais adiante saberá por qual nome sou conhecido aqui; com as bênçãos do Criador a humanidade está evoluindo espiritualmente, por isso já sou conhecido entre muitos que aqui estão.

# Capítulo 2

# Conhecendo os mistérios do outro lado da vida

Despedi-me com um abraço terno em todos os espíritos iluminados que ali me receberam, abracei com ternura o belo senhor de vestes brancas que me convidou a entrar naquele sagrado lugar e me recebeu de braços abertos me inundando de vida. Agradeci-lhe e beijei suas mãos. Ele, com palavras ditas em uma linguagem só dele e com gestos feitos com as mãos, deu-me um forte sopro em meu chacra frontal, abençoou-me, dando luz e vida para minha caminhada em espírito rumo à minha evolução. Alonso segurou em minha mão e, juntos com alguns dos espíritos iluminados que ali estavam e que também me acompanhariam, saímos rumo aos campos dos aprendizados maiores.

Caminhamos por um longo tempo, eu ia observando tudo por ali. Passamos por vários campos onde havia sempre grupos de espíritos iluminados e evoluídos cuidando dos menos evoluídos. Era muito belo ver os mais fortes cuidando dos mais fracos do outro lado da vida, pois na vida terrena, muitas vezes os mais fortes humilham, maltratam e aprisionam os mais fracos.

Em todos os campos pelos quais passávamos, Alonso e o grupo de espíritos iluminados que nos acompanhavam me explicavam e me ensinavam sobre o trabalho que ali estava sendo realizado pelo grupo cuja missão era deles. Pois cada campo tinha seu grupo a qual pertencia. Havia um grupo no campo da fé, outro no campo do amor, outro no campo do conhecimento, outro no campo da lei, outro no campo da justiça, outro no campo da evolução, outro no campo da geração e assim por diante. Cada grupo era específico em seu campo de trabalho. Havia um grupo de espíritos iluminados e evoluídos para cuidar e curar cada espírito que lá chegava com deficiência em algum dos campos da vida, para só após ele seguir rumo ao seu grau e degrau diante do Criador, e em todos esses campos nós fazíamos parada para que eu obtivesse conhecimento em todos eles.

Todo espírito que tem seu trono à direita do Criador, mas que por algum mistério divino reencarnou, se ao viver na carne ele deturpar e desrespeitar as leis divinas, quando faz sua passagem vai diretamente para os domínios da esquerda do Criador para acertos com a lei; após ter pago seus débitos com a lei nos domínios da esquerda, ele é resgatado por um ou mais espíritos iluminados e levado para os domínios da direita do Criador e lá ele vai ser encaminhado para um campo no qual ele tem deficiência, seja o campo da fé, do amor, do conhecimento, da lei, da justiça, da evolução, da geração e assim por diante, para ser cuidado e curado. E se ele for deficiente em mais de um dos campos da direita, ele irá passar por todos eles, primeiro por um campo, depois por outro e assim por diante, só após esse processo é que estará apto a ocupar seu grau e degrau diante do Criador. Esse é apenas um dos vários mistérios divinos que me foram ensinados a caminho dos campos dos aprendizados maiores.

# Capítulo 3

# Conhecendo os sagrados mistérios nos campos do conhecimento

Passamos em um campo onde meus olhos viam a própria natureza presente, eu me senti em meio às matas nesse campo, lá estava um espírito em seu processo final de cura, entre muitos outros que lá estavam sendo cuidados; o grupo que cuidava desse espírito e de todos os outros que lá estavam era o grupo do conhecimento. Pude ver, aprender e participar desse grandioso trabalho, fui recebida com muita ternura e alegria, como se todos do grupo já me conhecessem. Cada detalhe desse maravilhoso trabalho me foi ensinado por Alonso e pelo próprio grupo. Existiam ali vários elementos, entre eles havia uma parede como se fosse de pedra com muitas palavras todas escritas com folhas verdes colhidas da própria natureza, estavam fresquinhas e perfumadas. Eram muitas palavras de ensinamentos que estavam escritas com essas folhas. Havia também variadas espécies de ervas, algumas maceradas, outras verdinhas e fresquinhas; também essência de flores e de muitos outros elementos da natureza juntamente com o grande poder desse divino grupo, desse campo e desse poderoso mistério. Eles trabalhavam com todos os elementos contidos lá e também muito com as mãos. Os meus olhos em espírito brilhavam ao ver tamanha bênção e dedicação de todos aqueles espíritos iluminados desse poderoso grupo. Muito emocionada eu fiquei e me senti como se estivesse em minha própria casa, mas na verdade só estava reaprendendo sobre um sagrado, poderoso e divino mistério que há tempos incontáveis já fazia parte de mim. Nesse campo fiquei junto com o divino grupo do conhecimento, Alonso e os espíritos iluminados que nos acompanhavam por muito tempo. Muito aprendi e fui absorvida pelo grandioso e poderoso mistério do conhecimento.

Mesmo com todos do grupo do conhecimento, os espíritos de luz nos acompanhavam ali me ensinando tudo sobre esse grandioso mistério, Alonso não saiu do meu lado em nenhum instante e também me ensinava. Ele que cuidou de mim e tornou minha caminhada terrena mais leve, mesmo vivendo em espírito não me deixou, ficou do meu lado me ensinando e observando enquanto eu aprendia sobre os mistérios que todos daquele grandioso grupo me ensinavam. Ele fez com que me sentisse mais amparada e segura em meu aprendizado em espírito.

Não foram poucos os segredos dos quais eu obtive conhecimento dentro desse grandioso e poderoso mistério. E a cada dia existe um aprendizado dentro desse grandioso mistério, e eu nesse campo muito tempo fiquei. É um mistério muito amplo, devemos obter conhecimento em todos os campos da vida; esse grandioso mistério é tão amplo, forte e poderoso quanto a natureza que se faz presente em todos os cantos da criação, portanto temos um novo aprendizado a cada dia dentro desse mistério. Tudo que aprendi e absorvi no campo do conhecimento fazia parte da minha caminhada em espírito e da minha evolução, pois com esse grandioso e poderoso mistério muito trabalhei, trabalho e trabalharei em benefício de todos que clamam por mim e que são merecedores do meu auxílio.

Após ter aprendido e absorvido tudo o que era necessário para a minha evolução no grandioso mistério do conhecimento, eu, Alonso e os espíritos iluminados que nos acompanhavam nos despedimos do sábio, generoso, poderoso, evoluído e iluminado grupo do conhecimento, e continuamos a caminhada rumo aos campos dos aprendizados maiores. Mas antes de lá chegarmos, havia muitos ensinamentos para serem dados a mim em meio ao caminho. Passamos por outros campos, fizemos parada em todos eles para que eu pudesse aprender e absorver seus sagrados mistérios.

# Capítulo 4

# O poderoso e infinito mistério das águas

Ao sairmos do campo onde trabalhava o sábio, generoso, evoluído, poderoso e iluminado grupo do conhecimento, caminhamos muito tempo até chegarmos a outro onde havia uma imensidão de água, os meus olhos, em espírito, não viam o começo nem o fim dessas águas. Belas ondas se formavam e emitiam um som que parecia música aos meus ouvidos. Nesse belo campo tinham vários espíritos iluminados e evoluídos trabalhando; esse grupo era o da geração e trabalhava no campo da geração em todos os sentidos da vida na matéria e no espírito, pois eles trabalham em prol dos espíritos menos evoluídos e dos encarnados também. Nesse campo também permaneci por um longo tempo. Lá obtive grandes conhecimentos em vários mistérios das águas. Foi gratificante e de uma grandiosidade imensa ter tido a honra de obter conhecimentos sobre esse poderoso mistério, mas esse belo e grandioso mistério é tão amplo que mesmo que eu permanecesse lá por toda a minha eternidade em espírito não conheceria tudo sobre ele. Creio que o Criador não deu permissão para nenhum espírito, por mais iluminado e evoluído que seja, conhecer e dominar tudo sobre os sagrados mistérios das águas, mas digo-lhes, Ele me permitiu obter muitos ensinamentos e trazê-los comigo por toda a minha eternidade; tudo o que aprendi e sei dominar sobre esse belo, sagrado, imenso, intenso e poderosíssimo mistério, eu faço bom uso em meu benefício e dos que precisam de meu auxílio. Se o Criador me permitiu obter muito conhecimento sobre os sagrados mistérios das águas, a outros espíritos iluminados e em busca de sua evolução Ele também permitiu, mas cada um obteve conhecimento sobre esse mistério de forma distinta. Por essa razão cada espírito, cada grupo, têm seu campo de atuação com mais forças, pois cada um obteve conhecimento de partes diferentes de um mesmo mistério.

Esse belo e poderoso grupo da geração, além de muitos outros grandiosos trabalhos que realiza em meio às águas, também trabalhava cuidando e preparando os espíritos para uma nova reencarnação, e o processo de tratamento desses espíritos é longo e intenso. Todos os que o Criador designou para uma nova reencarnação, porque têm missão a ser cumpridas na carne, passam pelo processo de cura, purificação e equilíbrio no campo da geração, para só assim estarem aptos a reencarnarem e cumprirem suas missões na Terra. É muito belo, imenso, intenso, grandioso e poderoso os sagrados mistérios das águas. Tamanha é sua beleza e grandeza. É um mistério a ser respeitado com fé e muito amor.

Após todo processo de aprendizado no campo da geração de todos os sentidos da vida, nos despedimos de todos e eu muito agradeci pela forma terna com a qual me receberam e por terem me ensinado com amor e dedicação tudo o que me era necessário. Partimos novamente na caminhada da minha evolução.

# Capítulo 5

# As crianças encantadas e seus sagrados mistérios

Caminhamos por algum tempo e nos deparamos com um belo jardim todo florido e muito iluminado. Nesse lindo jardim, havia um grupo de crianças muito felizes, pareciam ser crianças humanas. Qualquer ser humano que visse aquelas lindas crianças ali iria acreditar que elas estavam apenas brincando naquele lindo e florido jardim. Esse grupo de crianças, com sua suave energia, doçura e muita ternura, estava realizando um grandioso trabalho, cuidando dos espíritos doentes e necessitados no campo delas, elas cuidavam também dos encarnados que estavam sofrendo com as doenças da matéria e do espírito. Tratavam dos que se perderam em meio às dores, às mágoas e ao ódio. Com sua inocência realizavam maravilhosos e grandiosos trabalhos, curavam os encarnados ou não e lhes levavam o equilíbrio, o amor e a alegria. Trabalhavam dos dois lados da vida e nos dois realizavam poderosíssimos trabalhos, pois são seres encantados conhecedores de grandes e poderosos mistérios.

Os seres humanos, por mais evoluídos que sejam, não alcançam a dimensão dos poderes dos mistérios, aos quais esse belo grupo de criança pertence, pois só a elas o Criador abençoou com tamanha graça.

Os meus olhos, em espírito, brilhavam ao ver tamanha beleza e grandeza do trabalho daquele belo e dócil grupo de crianças e, nesse abençoado campo, também fizemos parada para que eu obtivesse conhecimento e muito lá aprendi. Fui absorvida por esse belo e poderoso mistério com esse amado, sábio, encantado, dócil e poderoso grupo de crianças que, entre outros atributos, são portadoras da fé, do amor e da alegria.

Despedimo-nos desse amado, terno, dócil, encantado e poderoso grupo de crianças e deixamos o belo jardim florido e iluminado para que continuassem sua grandiosa missão.

# Capítulo 6

# O mais belo dos mistérios e o reencontro no outro lado da vida!

    Caminhamos por mais um tempo e chegamos a um campo o qual muito me chamou a atenção, pois nele havia um grupo muito maior que os que eu já tinha visto passar e absorvido seus mistérios. O lugar onde esse imenso grupo trabalhava era muito belo, tudo lá era suave, sereno e cheio de ternura. Não me contive e perguntei a Alonso o porquê daquele grupo ser tão maior que os outros. Ele sorriu e me respondeu:

– Esse grupo é tão maior que os demais porque a maioria dos que aqui chegam são deficientes nesse campo onde esse imenso grupo trabalham. Mesmo um espírito que é devedor da lei no lado negativo do Criador, quando ele cumpriu seus débitos lá e é resgatado e encaminhado para os campos da luz, mesmo que ele passe por outros campos na luz para terminar sua cura, nesse campo o qual trabalha esse imenso grupo, ele chega com deficiência. São poucos os que não passam por esse campo por causa de suas deficiências. Esse imenso grupo trabalha com suavidade, serenidade, paciência e grandiosidade, pois esse campo no qual a maioria é deficientes nele é um dos mais belos; é o sagrado, divino, suave, sereno, paciente, bondoso, generoso, grandioso e muito poderoso campo do amor e esse imenso grupo que nesse campo trabalham é o belo e sagrado grupo do amor. Todos os espíritos que passam pelo campo da geração para serem preparados para um novo reencarne, assim que estão prontos nesse campo, são encaminhados para o campo do amor e passam um grande período aqui para só assim estarem prontos para o novo reencarne. Portanto, nenhum espírito reencarna e passa a habitar um corpo carnal para viver na Terra sem antes ter passado um grande período no campo do amor. Mas muitas vezes os seres humanos vivem toda sua existência na carne sem conhecer o mais belo dos sentimentos, o amor. Isso porque eles mesmos escolhem viver assim, ao invés do amor, preferem sentir rancor, mágoa e ódio. Mas daqui do nosso domínio da luz todos saem para o reencarne devidamente preparados em todos os campos e principalmente no campo do amor, mas junto com essa preparação eles levam seu livre-arbítrio.

Chegamos ao portal desse belo campo e pedimos licença aos dois belos Senhores e às duas belas Senhoras que estavam presentes guardando o portal do amor; adentramos portal adentro, pois grande parada faríamos ali, já que muito eu teria para aprender e absorver sobre esse belo mistério.

Quando fomos entrando portal adentro, só suportei a emoção porque eu já vivia em espírito, pois se ainda vivesse na carne, minhas pernas não sustentariam o meu corpo, tamanha foi minha comoção. Quem fazia parte desse belo e imenso grupo e trabalhava ajudando os espíritos deficientes nesse campo junto com todos ali? Meu único e eterno amor, Paaulo. Não entendi como isso foi possível, mas ele estava ainda mais belo, parecia que ainda vivia na carne, tinha aspecto de humano, mas com uma luz, um brilho e uma suavidade sem igual. Ele abriu seus braços para me receber naquele belo campo e pude ver, em espírito, o mais belo dos sorrisos, cheio de vida, de amor, de luz e de ternura no outro lado da vida. Quanta alegria e emoção senti ao rever meu amado todo iluminado no mais belo dos campos! Seus cabelos pareciam mais claros, seus belos olhos continuavam da cor de mel. Se quando vivemos na carne me encantei por ele assim que o enxerguei, imaginem enxergá-lo no mais belo dos campos, todo iluminado, cheio de energias e vibrações do amor. Paaulo estava trajando uma bela veste de cores suaves e toda iluminada. Ele me abraçou e o amor que sentimos naquele momento foi ainda maior do que o que vivemos na carne, pois o amor do outro lado da vida não se compara ao terreno.

Após esse forte abraço, Paaulo me conduziu em meio a todos daquele imenso grupo, onde todos me receberam com um abraço cheio de ternura e amor; em seguida já fui dirigida aos ensinamentos.

Eu, Paaulo, Alonso e o grupo que nos acompanhava desde o início da minha caminhada em espírito nos misturamos ao imenso grupo do mais belo dos campos e começaram os ensinamentos a mim dedicados. Aos poucos, fui adquirindo todo conhecimento necessário nesse belo campo e sendo totalmente absorvida pelo belo e grandioso mistério do amor.

Assim como eu, Alonso não usava o mesmo nome de quando vivera na carne. Meu amado Paaulo também não; ele já ocupava seu grau e degrau diante do Criador e seu nome sagrado entre aquele imenso, suave, bondoso, caridoso, poderoso e amoroso grupo era ANJO DAS CACHOEIRAS. Ele traz em si as forças e poderes do grandioso e belo mistério do amor entre outros mistérios que também estão contidos nele, ele realiza grandes e poderosos trabalhos entre os espíritos e encarnados que se perdem em meio às suas mágoas, ao seu ódio, aos seus rancores. Em qualquer campo e mistério que o Criador permitir, ele se faz presente para auxiliar quem necessita. Seu campo de forças são as belas cachoeiras em meio à natureza. O suave, poderoso e belo Anjo das Cachoeiras é muito respeitado entre todos daquele imenso grupo, mesmo porque o grande respeito que temos uns pelos outros do outro lado da vida também não se compara ao terreno.

Quando falamos sobre os mistérios do amor, estamos falando do amor como um todo, mas principalmente amor pelo Criador, pela criação e pela vida.

Após um longo período ali naquele belo campo em aprendizado contínuo sobre aquele belo mistério, era chegada a hora de nos despedirmos daquele maravilhoso e poderoso grupo do amor e seguir na caminhada. Com um forte abraço e muita gratidão fui me despedindo de cada um deles, com exceção de meu amado Paaulo, pois daquele momento em diante, assim como Alonso e o grupo iluminado que nos acompanhava, ele também me acompanharia até os campos dos aprendizados maiores.

Saímos em caminhada e muitos outros grandiosos mistérios eu tive a honra de conhecer e ser absorvida por eles.

# Capítulo 7

## Os mistérios da cura de um espírito afim

Passamos em um lugar onde havia um espírito todo machucado, ferido e com chagas por todo seu corpo que ainda parecia ser humano. Ele estava deitado sobre o chão e só havia um espírito iluminado cuidando dele. Esse fato eu de imediato também quis saber e já fui perguntando a Paaulo, ou melhor, ao Anjo das Cachoeiras, o porquê de haver apenas um espírito iluminado ali cuidando daquele todo machucado e estendido sobre o chão. O belo Anjo das Cachoeiras me respondeu:

— Quando dois espíritos reencarnam juntos e um deles cai diante da Lei Divina por causa do outro, e um deles desencarna primeiro passando por todo o processo de cura, quando ele estiver pronto, iluminado, equilibrado, no momento em que aquele que ficou em sua vida terrena desencarna, é de dever daquele que já está pronto ir até os domínios da esquerda do Criador, digo domínios da esquerda porque, se ele caiu diante da lei divina quando viveu na carne, ele é um devedor da lei; quando ele já tiver cumprido seus débitos lá, é resgatado e trazido para esse campo por aquele que o resgatou, e é esse espírito iluminado que desencarnou primeiro e já está pronto quem vai dar os primeiros procedimentos de cura no campo dele e, após esse procedimento, esse espírito que está sendo curado vai ser encaminhado para o campo no qual ele é deficiente para o processo final da cura, para que assim possa seguir sua caminhada em espírito e ocupar seu trono diante do Criador. Observe o estado em que se encontra esse espírito caído, ele já pagou seus débitos com a lei à esquerda do Criador e só foi resgatado de lá porque já era tempo. Como esse processo de resgate é feito? Você só saberá quando conhecer esse mistério com clareza e, quando conhecer, então será chegado o tempo de você ir aos domínios da esquerda do Criador para resgatar os seus – eu agradeci ao belo Anjo das Cachoeiras pela bela explicação.

Não pensem que não ficamos por um tempo ali onde estava aquele espírito todo machucado e estendido sobre o chão – nós ficamos. Só partimos quando eu já havia absorvido tudo o que era necessário sobre o mistério da cura de espírito afim do outro lado da vida. Muitas vezes, se temos o dom da cura, buscamos conhecimento e nos dedicamos com amor e fé, é possível curar um espírito afim ainda estando os dois encarnados, se assim o Criador permitir.

Mais uma vez fizemos parada em outro campo.

# Capítulo 8

# O poderoso e magnífico mistério da fé

Nesse campo, todo o grupo usava vestes brancas e também era um grupo grande; todos trabalhavam em prol dos menos favorecidos e deficientes no campo da fé. Era lindo ver todos de roupas brancas, envoltos por luzes e pedras de cristais entre outros elementos ali contidos. Quando as luzes emitiam seu clarão sobre as pedras de cristais, meus olhos, em espírito, brilhavam ao ver tanta energia e tanta beleza nesse magnífico grupo que trabalhava na cura dos descrentes, dos que não creem no Criador, na criação nem neles mesmos, pois sem fé não caminhamos para lugar nenhum, nem em espírito nem em matéria. Belos e poderosos trabalhos são realizados nesse iluminado campo.

Durante muito tempo nesse magnífico grupo eu fiquei trabalhando e aprendendo tudo o que foi necessário; aí eu não só aprendi, como também trabalhei ajudando na cura daqueles irmãos. Grandiosos trabalhos tive a honra de ajudar a realizar em benefício de todos os necessitados que precisavam de auxílio nesse campo, os quais lá estavam para serem curados no campo da fé, pois quando lá cheguei eu já estava apta a ajudar. Obtive muito conhecimento nesse grandioso e iluminado campo.

Mais uma vez chegou o momento de me despedir daquele belo, magnífico e iluminado grupo. Abracei e agradeci a cada um deles e cada abraço que eu dava me sentia mais leve e cheia de luz. Devo dizer que, para aprender e trabalhar naquele iluminado grupo, me vesti toda de branco, assim como todos que lá estavam.

De lá me retirei junto com meu amado Anjo das Cachoeiras, meu eterno amigo Alonso e o belo grupo iluminado que já era parte de mim.

Senti-me leve, abençoada, cheia de luz e pronta para chegar aos campos dos aprendizados maiores.

Em todos os campos em que foi necessário fazer parada para um maior aprendizado, eu e meus companheiros de jornada, em espírito, paramos, alguns aqui citei, outros não tive permissão para mencionar. Mas ainda havia mais um campo para que parássemos para mais ensinamentos a mim ser dedicados antes de chegarmos aos campos dos aprendizados maiores.

# Capítulo 9

# Os poderosos e rigorosos mistérios da Evolução e da Lei atuando juntos em um mesmo campo

Ao chegarmos nesse sagrado campo, eu parei diante dos portais dele e fiquei observando. Havia um grupo grande trabalhando, mas o que me chamou a atenção foi observar que seus mistérios eram um tanto diferenciados dos demais que eu já havia conhecido e absorvido, mas, como todos os outros, ele tinha uma luz e uma beleza imensas. Fui bem recebida por esse grupo, com carinho e com muita seriedade. Com esse poderoso e intenso grupo muito aprendi e trago comigo seus ensinamentos por toda a eternidade, pois em espírito ou em matéria se não buscarmos a evolução em todos os campos, ficamos parados em um único lugar. Era um grupo muito poderoso e rígido em suas ações, ele trabalha na cura dos espíritos deficientes na evolução. Cura aqueles que, encarnados ou não, tiveram todas as oportunidades de evoluir e não o fizeram, e muitas vezes vivem toda sua existência na carne e não buscam uma palavra que faça com que seu espírito cresça e evolua. Por algumas vezes se faz necessário que o grupo do campo da Lei atue junto com o grupo do campo da Evolução, pois assim o Criador designou. Com o poderoso, rigoroso, enérgico e sábio grupo da Lei eu também estive pelo tempo que foi determinado, aprendendo e absorvendo tudo o que me era necessário e, após ter aprendido e absorvido muito sobre seus sagrados mistérios, ainda recebi a graça do Criador em poder ver e aprender com os dois grupos atuando juntos, Evolução e Lei em um mesmo campo. Senti-me abençoada e, por muitas vezes, agradeci ao meu Criador por todas as graças e por todas as bênçãos a mim concedidas.

Após ter conhecido e absorvido tudo o que foi preciso nos mistérios e campos da Evolução e da Lei, realmente eu estava apta a entrar nos sagrados campos dos aprendizados maiores. Despedimo-nos com carinho e muito respeito dos sagrados e poderosos grupos dos campos da Evolução e dos campos da Lei, eu lhes agradeci pelo vasto ensinamento e novamente partimos.

# Capítulo 10

# Os campos dos aprendizados maiores e seus sagrados mistérios

Caminhamos por um longo tempo e então nos deparamos com um imenso portão, o maior de todos que meus olhos, em espírito, já haviam visto. Só de estar perto daquele imenso portão, já era possível sentir a energia elevada daquele lugar. Senti-me como se estivesse chegando a um lugar já conhecido por mim, foi muito gratificante me sentir assim. Nesse imenso portão, também tinham dois Senhores e duas Senhoras guardando e zelando por aquele energético lugar. Eu estava observando e admirando aquele imenso portão, pois, além dele, eu enxergava do lado de dentro energias multicores que se misturavam aos raios de luzes. Foi uma bela visão, mas Alonso se posicionou em minha frente no mesmo momento em que me envolvia com a minha bela imagem e suavemente me disse:

– Conforme eu havia lhe prometido, a acompanhei até aqui, esses são os grandiosos e sagrados campos dos aprendizados maiores, daqui você sairá apta a ocupar seu grau e degrau diante do Criador e, como eu já tinha lhe dito, daqui eu seguirei para meu trono diante do Criador, pois, como sabe, me materializei por desígnios D'Ele para tornar sua caminhada terrena mais leve e não permitir que caísse na dor e na solidão. Você buscou conhecimentos e ajudou arduamente seus irmãos por meio das ervas, das magias e dos poderes que o Criador lhe concedeu; por tudo de positivo que você fez em sua caminhada terrena e por não ter ódio nem rancor em seu coração, em nenhum momento desejou mal aos seus semelhantes, viveu toda sua vida terrena alegrando os olhos do Criador. Por essas razões você chegou aos portais da luz assim que desencarnou e fez sua passagem quase consciente, e isso o Criador não permite a todos os seus filhos, apenas para quem é merecedor dessa bênção. Por muitas vezes vamos nos encontrar, pois, como já lhe falei, seu grau e degrau é semelhante ao meu, já trabalhamos e sempre trabalharemos juntos todas as vezes que se fizer necessário. Eu sou atuante nos sete campos da vida, sou conhecedor de muitos mistérios divinos dos quais faço bom uso em benefício de todos que com fé, amor e respeito clamam por mim. Meu campo de forças está entre as matas, serras e montanhas. Aqui nesse lado da vida e em meio a vários irmãos encarnados que buscam conhecimento e evolução, eu sou conhecido, respeitado e chamado por Caboclo Arranca Toco. Trabalho nos dois lados da vida e, entre muitos grandiosos trabalhos que com fé, amor e sabedoria realizo por meio dos vários mistérios contidos em mim, atuo também na cura dos irmãos encarnados ou não, mas na maioria das vezes trabalho com todos os mistérios dos quais sou conhecedor entre os encarnados por causa do peso que carregam em seus corpos carnais, peso esse que a maioria das vezes é atraído por eles mesmos por suas próprias ignorâncias. Mas todos aqueles que desejam evoluir buscando conhecimento em qualquer sentido e campo de suas vidas, lá eu estarei para ajudá-los e dar impulso e sustentação à sua evolução, pois entre muitos encargos o meu Criador também me designou essa bela missão a qual desempenho com amor e sabedoria; como todos nós, também estou buscando minha evolução em cada ação que eu pratico em prol de meus irmãos, pois nenhum de nós está totalmente evoluído em todos os campos.

Após dizer essas belas palavras, abraçou-me carinhosamente, beijou-me as mãos e se retirou. Fiquei ali parada olhando-o partir e pude enxergar suas vestes totalmente diferentes das que ele usava minutos antes. Eram muito mais belas agora.

Continuei ali em frente àquele imenso portão junto com o belo Anjo das Cachoeiras e meu grupo iluminado. Assim como Caboclo Arranca Toco, o Anjo das Cachoeiras também se posicionou em minha frente e disse-me:

– Como já lhe falei, eu a acompanharia até aqui nos Sagrados Campos dos Aprendizados Maiores e você já está preparada para novos conhecimentos aqui nesse campo. Mas não pense que nossa missão juntos acaba aqui, ela não terminou e nunca terminará, pois assim o Criador determinou e assim será. Sempre trabalhamos e trabalharemos juntos em prol de nossos irmãos todas as vezes que se fizer necessário, e por mais de uma vida reencarnamos juntos para cumprir nossa missão na Terra em nome do amor e do conhecimento. Estou indo agora para as belas cachoeiras em meio à natureza onde é meu sagrado campo de forças, pois neste momento estou sendo clamado e oferendado por um irmão encarnado que tem amor em seu coração, então, em nome do amor vou auxiliá-lo porque é merecedor.

Ele me segurou pelas minhas duas mãos e beijou-as suavemente, abraçou-me com todo amor e ternura como só um espírito iluminado, atuante no mais belo dos campos, poderia abraçar. Nesse momento lágrimas dos meus olhos em espírito caíram. Não eram lágrimas de tristeza, mas por eu poder ver e sentir a grandeza e a beleza do amor do outro lado da vida. Antes de ele partir, falou-me:

– Nosso amor é eterno, minha amada, e mais adiante saberá que todas as vezes que desejarmos estar juntos, nós temos a permissão do Criador para estarmos, tanto em meu campo de forças quanto no seu, para nos fortalecermos, e fortalecidos podermos melhor ajudar nossos irmãos.

Ele me apertou em seus braços como se ainda fôssemos humanos, cheirei seus claros e longos cabelos de forma diferente de quando vivíamos na carne, pois, como já citei, o amor do outro lado da vida não se compara ao amor terreno, e deixei ele partir em direção ao seu campo de forças para auxiliar o irmão encarnado que lhe oferendava e pedia seu auxílio. Fiquei ali parada olhando ele partir, o vento soprava seus cabelos e balançava suas belas vestes. Essa foi mais uma bela visão que meus olhos em espírito puderam ver.

O grupo de espíritos iluminados que nos acompanhou desde o momento em que comecei minha caminhada rumo aos campos dos aprendizados maiores também começou a se despedir de mim, dizendo que o Criador os designou a me acompanhar até os portões dos Campos dos Aprendizados Maiores. Cada um deles me abraçou com ternura e a todos eu agradeci com carinho e respeito, usando gestos que só os espíritos iluminados entenderiam o significado, pois temos nossos gestos para nos cumprimentar e para agradecer um ao outro. Meus olhos brilhavam ao vê-los partir, como era lindo poder enxergar aquelas faíscas e raios de luzes entre eles em meio ao vento que soprava forte em todo aquele espaço.

# Capítulo 11

## A emoção do reencontro de um pai e de uma filha do outro lado da vida

Coloquei-me em frente ao imenso portão e pude ver vários espíritos iluminados, cheios de energias trabalhando do lado de dentro.

Cheguei bem próximo ao imenso portão e pude ter mais uma bela visão, a qual me lembrarei eternamente. Novamente repito, se humana eu fosse, naquele momento não me sustentaria sobre as pernas, tamanha foi minha emoção. Enxerguei do lado de dentro do portão um senhor trajando uma bela veste toda branca, assim como eram sua barba e seus cabelos. Ele segurava em sua mão direita um cajado e fazia gestos, acenando com a mão para que eu entrasse naquele campo todo iluminado. Caminhei em direção ao imenso portão, pedi licença e permissão aos Senhores e às Senhoras que zelavam por aquele belo lugar e, com a licença e permissão concedidas, entrei portão adentro e corri para os braços daquele velho sábio e amado senhor. Passei minhas mãos em sua barba toda branca, em seus cabelos e fixei meus olhos nos dele e o abracei com muito amor e ternura, pois acabara de reencontrar meu velho, amado e sábio pai do outro lado da vida. A emoção e alegria que eu senti naquele instante pareciam ocupar todo aquele espaço. Nenhum ser humano entenderia a grandiosidade daquele momento.

Abraçamo-nos com todo amor de um pai e filha em espírito. E digo-lhes: aqueles que vivem na carne, que têm fé no Criador e acreditam, se em algum momento de suas vidas pedirem um abraço de um espírito de luz para acalmar suas dores, podem acreditar que serão abraçados como um pai abraça um filho.

Após o nosso longo abraço, ele me conduziu para o interior daquele iluminado espaço e, em seguida, já demos início a novos aprendizados.

Eu enxergava pequenas camas e haviam espíritos deitados nelas, cobertos com um lençol todo branco. Mas do lado dessas pequenas camas tinham várias divindades e espíritos iluminados trabalhando. Muito me foi ensinado ali, tanto pelo meu velho, amado e sábio pai como pelas divindades e pelos espíritos iluminados que ali trabalhavam.

Em dado momento, meu velho, amado e sábio pai falou-me:

– A partir de agora você já está apta a cuidar sozinha dos seus, praticando e aprendendo ao mesmo tempo. Mas, antes de eu voltar para meu grau e degrau, ainda tenho mais uma missão para cumprir junto com você aqui nos campos dos aprendizados maiores. Mais adiante lhe direi qual é essa missão, embora acredite que já saiba.

Ele pronunciou essas palavras e me conduziu até uma daquelas pequenas camas, onde já havia um espírito deitado, coberto por um lençol branco e precisando do meu auxílio.

Diante daquela pequena cama eu fiquei, mas não senti medo nem insegurança, pois acreditei que jamais estaria ali se não tivesse o conhecimento para tal ato.

Então, peguei alguns elementos que haviam por ali, alguns vindos diretamente da natureza, coloquei-os sobre o lençol branco que cobria aquele irmão e, sob os poderes de um dos mistérios contidos em mim, dei início a um dos mais belos trabalhos de cura do outro lado da vida realizado por minhas sagradas mãos da cura, as quais foram-me concedidas pelo Criador em matéria e em espírito, e sempre fiz bom uso delas, pois foram aprimoradas e fortalecidas em espírito a cada aprendizado em todos os mistérios os quais o Criador me permitiu conhecer.

Após ter direcionado muitas energias e vibrações necessárias por intermédio das minhas sagradas mãos e de ter finalizado aquele belo processo de cura por meio mistérios contidos em mim àquele irmão, ele se levantou. Ele me abraçou com ternura, agradeceu-me e em seguida foi conduzido para outro campo, pois ainda era preciso. A partir daquele momento, sempre com uma divindade junto a mim, muitos irmãos com a permissão e bênção do Criador eu curei. Mas a cada irmão que era curado por mim, eu usava um mistério e uma magia diferentes. Em alguns irmãos era necessário usar mistérios e magias semelhantes para curá-los, pois por algumas vezes havia irmãos encarnados ou não com dores e aflições similares, então, nesses casos, usamos mistérios e magias idênticos.

Nos campos dos aprendizados maiores, havia o maior de todos os grupos trabalhando junto, pois não existiam grupos específicos, eram todos os grupos de todos os campos trabalhando conjuntamente, pois cada grupo e cada campo evoluíam uns com os outros. Era belo trabalhar e evoluir junto com o grupo e campo da fé, com o grupo e campo do amor, com o grupo e campo do conhecimento, com o grupo e campo da lei, com o grupo e campo da justiça, com o grupo e campo da geração, com o grupo e campo da evolução e assim por diante. Todos os iluminados que ali trabalhavam já tinham seus tronos diante do Criador e seus campos de forças, mas ali nos campos dos aprendizados maiores eles se faziam presentes para ajudar todos os espíritos que ali chegavam com suas deficiências. Todos trabalhavam com o mesmo propósito: ajudar os necessitados, ensinar os que menos sabiam e buscar mais aprendizado, e assim evoluir cada vez mais, pois, mesmo sendo espíritos iluminados, a cada ação praticada em benefício de um irmão, ganhávamos passos à frente em nossa evolução espiritual.

# Capítulo 12

# O resgate nos domínios da esquerda do Criador

Após muito ter aprendido com os espíritos iluminados de todos os grupos e de todos os campos e também com as divindades que estavam presentes o tempo todo, meu velho, amado e sábio pai que ali também realizava grandes trabalhos e acompanhava minha evolução se aproximou de mim, segurou carinhosamente em minha mão e disse-me:

– É chegada a hora de irmos para mais uma missão juntos e, após essa missão, eu volto a ocupar meu trono diante do Criador e você também já estará pronta para ocupar o seu. Essa é uma grande missão que o Criador designou para que realizemos juntos. Vamos aos domínios da esquerda do Criador para resgatar um espírito, pois é nosso dever resgatá-lo e curar seus tormentos. Minha missão com você é ir resgatar esse espírito, pois é chegada a hora. Vamos resgatá-lo e trazê-lo para os campos dos aprendizados maiores e com muito respeito a todos dos domínios da esquerda do Criador, para lá nós iremos em nossa missão – pronunciou essas palavras e me puxou pela mão, conduziu-me para um canto existente lá nos campos dos aprendizados maiores, esse canto tinha pouca luz e, com energia diferenciada, era afastado dos campos iluminados.

Se esse canto estava dentro dos campos dos aprendizados maiores, era porque tínhamos de evoluir em seus mistérios também. Todos os mistérios envolviam esse canto, mas muito nesse campo me foi ensinado e muito evoluí nele, nesse mistério de pouca luz e de energia diferenciada.

Cada divindade trabalhava orientando um grupo, um campo, pois os grupos e campos trabalhavam juntos, mas cada grupo e cada campo tinham sua divindade. A divindade do grupo e campo da fé, a divindade do grupo e campo do amor, a divindade do grupo e campo do conhecimento, a divindade do grupo e campo da lei, a divindade do grupo e campo da justiça, a divindade do grupo e campo da geração, a divindade do grupo e campo da evolução e assim por diante! Pude ver os mais belos e poderosos trabalhos do outro lado da vida nos campos dos aprendizados maiores, e em muitos mistérios busquei minha evolução. Um espírito já ocupante de seu trono diante do Criador, mesmo que conheça e já tenha evoluído em vários mistérios, existirá um deles o qual ele atua com mais forças, por isso há os grupos e os campos. Ao canto, com pouca luz e energia diferenciada, só íamos quando necessário e, naquele momento, era preciso que eu e meu velho, amado e sábio pai fôssemos. Entramos nele, eu parei e fiquei observando tudo; foi quando meu velho, amado e sábio pai disse-me:

– Vamos nos preparar para nossa missão – ele me segurou pelas duas mãos, encostou sua testa sobre a minha e uma forte e diferente energia tomou conta de nós. Era uma energia forte e muito densa, por um instante senti meu corpo em espírito balançar. Ficamos nessa posição de testas coladas por um tempo e em silêncio profundo, apenas envolvidos pelos mistérios daquele lugar e, no mesmo instante, mudamos nossas vestes que de suaves não tinham nada. Após termos nos preparado, mudado nossas vibrações e nossas roupas, senti-me totalmente diferente dos demais espíritos iluminados e das divindades. Após estarmos prontos e por mistérios contidos em nós, em um piscar de olhos já estávamos em um dos portais de um dos domínios da esquerda do Criador. Ao chegarmos a esse portal, nos deparamos com uma imensa porta ainda fechada e com duas enormes espadas douradas e entrelaçadas, como se estivessem segurando a enorme porta. Ficamos ali observando. Foi quando se fizeram presentes dois Senhores, um do lado direto e outro da lado esquerdo. Eles Senhores usavam capas sobre suas costas que, de tão longas, arrastavam-se sobre o chão, mas cada capa tinha cor e aspecto diferentes. Eles também usavam espadas distintas uma da outra, apenas o modo que eles as seguravam que era igual, seguravam com suas duas mãos sobre o cabo e as posicionavam na frente de seus peitos.

# Capítulo 13

## Conhecendo os sagrados misférios das espadas

Fiquei observando aqueles dois Senhores e me perguntando por que eles seguravam suas espadas daquela forma, achei um modo diferente de segurar uma espada. Foi quando ali mesmo me foi aberto o belo e poderoso mistério das espadas e muito feliz fiquei. Em meio ao que foi aberto para mim naquele instante sobre aquele belo mistério, foi-me mostrado na prática o porquê daqueles dois Senhores segurarem as espadas com as duas mãos sobre o cabo e na frente do peito: era a forma mais rápida de sacar, de puxar, caso fosse necessário, e podiam-nas girar para a esquerda e para a direita ou para a frente ou para trás com mais agilidade, e esse mistério aqueles dois Senhores dominam muito bem. Muito me emocionei ao ver aqueles dois Senhores girando suas espadas e me mostrando na prática um dos seus poderosos mistérios. Mais uma vez agradeci a meu Criador por todas as bênçãos que Ele me concede, pois conhecer os sagrados mistérios das espadas por dois Senhores da esquerda foi mais uma bênção que me foi concedida. Sobre o belo, sagrado e poderoso mistério das espadas, eu não tenho permissão para dizer mais nada, apenas digo que é um belo, grandioso e poderoso mistério.

Aproximamo-nos dos dois Senhores e, com muito respeito, os reverenciamos, eu lhes agradeci pelos ensinamentos sobre um dos seus sagrados mistérios, pedimos licença e permissão para entrar. Curvamo-nos diante deles como gesto de respeito e, por mistérios contidos neles, as duas enormes espadas douradas que seguravam a enorme porta foram se afastando uma da outra e desfazendo os entrelaços no mesmo instante em que a porta foi se abrindo. Devo dizer: foi uma bela visão que meus olhos tiveram no lado esquerdo do Criador. Fiquei encantada com aquele belo mistério.

Com a licença e permissão concedida pelos dois Senhores, fomos entrando e, ao chegarmos ao interior daquele lugar, não foi nada bela a minha visão; havia muito conflito, dores, aflições, tormentos e muitos gemidos, pois todos estavam ali sob os ditames da Lei para esgotarem seu negativismo e cumprirem seus débitos, para só então irem para outros campos e serem curados, equilibrados e preparados para novas caminhadas rumo a sua evolução. Assim estava o espírito que ali fomos resgatar, sob os ditames da Lei. Cada um dos espíritos que ali estava em seus tormentos, dores e aflições, quando já tivesse cumprido seus débitos com a lei, espíritos iluminados, ou grupos de espíritos iluminados e evoluídos ou mesmo espíritos evoluídos dos domínios da esquerda do Criador, resgatam os e levam para outros domínios, ou outros campos, na maioria das vezes levam para os campos dos aprendizados maiores para terminar o processo de cura já iniciado nos domínios da esquerda. Eu e meu velho, amado e sábio pai fomos até lá para essa missão, resgatar um espírito que já cumpriu seu débito com a Lei e levá-lo para os campos dos aprendizados maiores para lá terminar o processo de cura já iniciado ali naquele domínio. É assim que trabalham os Senhores e as Senhoras dos domínios da esquerda do Criador: todos os que são devedores da lei, que infringem as leis divinas quando vivem na carne, quando seus espíritos imortais são recolhidos pelo temido Senhor Anjo da Morte, são recebidos e acolhidos pelos Senhores e pelas Senhoras dos domínios da esquerda do Criador e lá vai ser aplicada a lei nesses espíritos até que esgotem todo seu negativismo e paguem tudo o que devem e, só após esse processo, é que têm permissão para ser resgatados dali. Todos os espíritos que, ao serem recolhidos do corpo carnal pelo temido Senhor Anjo da Morte, vão para os domínios da esquerda do Criador, vão porque são devedores, e a lei divina existe para todos sem exceção. Quem deve paga! Portanto, todos aqueles que vivem na carne e infringem as leis divinas, maltratam seu semelhante, humilham e aprisionam os mais fracos, escravizam os necessitados, ferem seus irmãos com armas, atos e palavras, entre outros fatos, quando fazem suas passagens para o outro lado da vida, vão direto para os domínios dos Senhores ou das Senhoras dos domínios da esquerda do Criador. Portanto, o primeiro processo de cura de um espírito devedor da Lei começa com os Senhores ou as Senhoras dos domínios da esquerda do Criador, pois eles são os executores da Lei. Nós, dos domínios da direita do Criador, respeitamos muito todo o povo da esquerda D`Ele, pois tudo na criação tem seu lado direito e seu lado esquerdo.

Foi então que, em meio a dores, tormentos e aflições daqueles irmãos em acerto com a Lei, surgiu em nossa frente, mas não muito próximo a nós, um grande Senhor. Digo grande Senhor, pois além das forças dos mistérios que ele traz em si, ele era alto e encorpado e, mesmo sendo aquele domínio um tanto escurecido, pude ver nitidamente os detalhes de suas vestes que eram muito belas. Quando lá dentro cheguei, não imaginei que pudesse haver algo tão belo em um lugar escurecido, tenso, cheio de dores, tormentos e aflições como era aquele! Mas, naquele domínio existe muito para ser apreciado, inclusive os belos trabalhos que são realizados lá. Parecia que a veste daquele grande Senhor era toda feita em ouro. Em sua bela capa que lhe cobria toda a sua costa larga, e que de tão longa chegava até o chão, havia a cor preta, mas a cor que predominava era a cor do ouro. Em seu pescoço também havia uma bela e grossa corrente translaçada em ouro e, mesmo sendo um lugar escurecido, ela brilhava! Que belo Senhor os meus olhos em espírito viram! Todos os objetos que continha naquele domínio eram em ouro. Quando ele movimentou seus fortes braços e fez gestos nos convidando a nos aproximar, pude ver uma enorme espada também em ouro do lado esquerdo de sua cintura. Também vi anéis revestidos em ouro em seus dedos. Foi grandioso poder ver aquele grande, belo e poderoso Senhor que praticamente estava coberto por ouro e que nos recebeu em seus domínios com muita seriedade, mas com gentileza.

Chegamos bem próximo e ele com sua voz aguda disse-nos:
– Adentrem, pois têm a minha permissão para recolher o que lhes pertence e que está apto a ser recolhido, mas procure-a, pois mesmo já tendo pago tudo o que deve à Lei aqui em meus domínios, ela

ainda está presa às ilusões da ambição – nos curvamos na frente dele com gesto de respeito e fomos à procura do espírito que ali estava à nossa espera para ser resgatado por nós. Foi quando pudemos avistar um espaço ali dentro, como se fosse um pequeno lago e, dentro desse pequeno lago, havia um espírito deitado sobre a água escura que continha nele. Ao nos aproximarmos desse pequeno "lago", pudemos ver que o espírito que ali estava era um espírito feminino como se ainda vivesse na carne.

Do lado desse pequeno "lago" tinham ganchos contendo fortes correntes em ouro sobre eles e a irmã estava deitada sobre a água escurecida, sem se mover, em uma posição como se estivesse presa às correntes; em cima de seu corpo, perto das partes íntimas, havia uma barra de ouro grande e pesada. Essa irmã esteve presa àquelas correntes que estavam sobre os ganchos do lado do pequeno "lago", mas ela esteve presa enquanto cumpria seus débitos com a Lei, mas já estava livre das correntes, pois já havia cumprido seus débitos, mas por causa de suas ilusões mentais, ainda acreditava estar presa a elas.

# Capítulo 14

# A emoção ao reconhecer o espírito a ser resgatado

Quando nos aproximamos e chegamos bem perto, sofri um choque e, mesmo estando em espírito e em domínios diferentes do meu, minhas emoções afloraram-se, pois até aquele momento eu não havia tido permissão para saber de quem se tratava aquela irmã a qual fui resgatar em companhia de meu velho, amado e sábio pai.

Com a emoção à flor da pele e com meus olhos em espírito, pude ver nitidamente, mesmo após os tormentos em débitos com a Lei, o jovem e belo rosto daquela que foi minha mãe em minha última reencarnação e que, por egoísmo e ambição, me abandonou quando eu ainda era uma menina. Mas não foi apenas por esse ato que ali ela estava em débito com a Lei.

Naquele momento, lágrimas rolaram sobre meu rosto em espírito, não eram lágrimas de mágoa, tampouco de ódio, pois esses sentimentos eu não senti por ela nem quando vivemos na carne. Eram lágrimas de tristeza ao ver o que um ser humano é capaz de fazer consigo mesmo e levar seu espírito aos mais severos ditames da Lei. Senti piedade daquela irmã, e o desejo que senti de resgatá-la e de curá-la foi imenso e intenso.

Não me deixei abater, mesmo porque eu estava em domínios alheios, precisava estar em equilíbrio e ser forte diante de tudo e de todos em respeito a mim e aos domínios que não me pertenciam. Então, junto com meu velho, amado e sábio pai, usamos um dos mistérios em nós contido e, dali mesmo, resgatamos e encaminhamos aquela irmã para os campos dos aprendizados maiores.

Agradecemos àquele grande, belo e poderoso Senhor dos domínios do ouro, nos curvamos diante dele e pedimos licença e permissão para nos retirar. Caminhamos até a imensa porta, nos curvamos diante dos dois Senhores que guardavam e zelavam por aquele sagrado portal, e pedimos licença e permissão para sairmos. Mas, antes de nos retirarmos, nos viramos de frente para o interior daquele poderoso domínio e pude ver novamente aquele grande, belo e poderoso Senhor. Ele movimentou sua bela capa, abriu seus fortes braços e deu permissão para nos afastarmos. Eu tive a honra de mais uma vez ver sua bela espada, os anéis em seus dedos e sua linda e grossa corrente, todos em ouro. Ele soltou uma enorme gargalhada, no mesmo instante que respeitosamente nos retiramos. Foi muito gratificante e grandioso obter um pouco de conhecimento sobre o poderoso domínio do ouro à esquerda do Criador.

De volta aos campos dos aprendizados maiores, fomos para um canto iluminado e lá ficamos por um tempo sob os cuidados de divindades conhecedoras de grandes mistérios que faziam um círculo sobre nós e lá ficamos até nos recompormos e, só após termos nos recomposto, ter trocado nossas vestes e estarmos com nossas energias e vibrações iluminadas, voltamos aos nossos trabalhos nos campos da luz.

Eu e meu velho, amado e sábio pai nos aproximamos de uma pequena cama, onde estava sobre ela aquela irmã aguardando a cura final para suas dores. Ela ainda estava sob suas demências e suas ilusões mentais. Nós a cobrimos com um lençol todo branco e demos início ao nosso belo trabalho de cura. Eu cuidava desde a coroa até o chacra umbilical e meu pai cuidava do chacra umbilical aos pés. Após algum tempo, trocamos as posições, meu pai cuidava desde a coroa até o chacra umbilical e eu do chacra ubilical aos pés. Usei vários mistérios em mim contidos e utilizei também minhas sagradas mãos da cura.

Antes que aquele espírito despertasse, meu velho, amado e sábio pai segurou-me suavemente pelas mãos e disse-me antes de se retirar, pois ia cuidar de outros irmão:

– A cura final desse espírito o nosso Criador designou somente a você, use as forças dos mistérios contidos em si, utilize também os mistérios das magias os quais você muito conhece e use suas sagradas mãos da cura e traga esse espírito à razão, ao equilíbrio – pronunciou essas palavras e me abraçou fortemente e de lá se retirou.

Muito usei das forças dos mistérios contidos em mim, das magias as quais eu conhecia e minhas sagradas mãos da cura e, em pouco tempo, com as bênçãos do Criador, curei aquele espírito e o trouxe à razão e ao equilíbrio.

Após todo o processo final da cura, ela despertou e já estava livre de suas demências, de suas ilusões e totalmente em sua lucidez em espírito.

# Capítulo 15

## O relato de um espírito curado e a volta dele para os domínios da esquerda do Criador

Ela se levantou, sentou sobre a pequena cama e começou a falar sem que eu a interrompesse:

– Como bem sabes tu, quando vivi na carne naquela pequena aldeia, por não querer mais sujar minhas mãos com a terra, meu corpo e meus cabelos, eu, por puro egoísmo e ambição, a abandonei e fui embora com Giovani, aquele senhor de grandes posses, o qual eu acreditei ser um bom homem e que me tiraria daquela pequena aldeia, daquela pobreza em que eu vivia, e se casaria comigo e faria de mim sua senhora. Mas quando lá cheguei em sua mansão, não foi isso que aconteceu. Ele já tinha mais duas jovens esposas! Muito sofri, mas mesmo sofrendo, me tornei a terceira delas. Não só me tornei a terceira esposa de Giovani como também me tornei cúmplice nos negócios sem escrúpulos que ele realizava e em seus atos cruéis, os quais ele cometia por toda a região. Giovani sempre deixava claro que não desejava ter filhos com nenhuma de nós três. Eu que fui embora da pequena aldeia, para não sujar minhas mãos, meu corpo e meus cabelos com terra, acabei sujando meu espírito, minha alma com meus atos sórdidos.

Uma de suas jovens esposas, por descuido, acabou ficando grávida, para o desespero de Giovani. Eu, na qualidade de cúmplice dele, o ajudei a não deixar que aquela criança nascesse, ele me ordenou que fizesse isso, e sem nenhuma piedade foi o que fiz.

Como era sempre eu quem ajudava na preparação dos alimentos, pois Giovani apreciava meus cuidados com eles, ficou fácil para eu agir. Lentamente, sem que ninguém percebesse, fui colocando nos alimentos servidos a ela doses de fortes remédios que Giovani comprou e entregou em minhas mãos e que, entre outras funções, eram também abortivos. Cada dia que passava, mais ela se sentia debilitada e foi uma questão de dias, eu dessa forma cruel impedi aquela criança de nascer. Exagerei nas doses dos fortes remédios, por pouco ela não morreu junto com aquela criança. Esse foi apenas um dos vários atos cruéis que cometi em nome de Giovani.

O tempo foi passando, e a cada atrocidade que eu cometia em nome dele, ele me cobria de ouro, muitas joias e objetos preciosos que ele entregava a mim de presente como recompensa pelos atos impiedosos que eu executava.

Havia uma de nós três que era a sua preferida e digo-lhes: por mais que eu fizesse em prol dele, ter tornado cúmplice nos atos impiedosos e, sendo jovem e bela, ainda assim eu não era a mais querida dele. Mesmo porque a preferida era a mais jovem e mais bela de nós três. Como era linda aquela mulher! Isso só aumentava os meus sentimentos de raiva e de ódio por ela.

Como eu já conhecia bem aqueles fortes remédios que impediram que aquela criança nascesse e que quase matou a mãe junto, não pensei duas vezes e agi por conta própria para tirar do meu caminho aquela bela e jovem mulher que era a preferida dele.

Sempre presente nas preparações dos alimentos, não foi difícil agir e, para desespero de Giovani, sua esposa preferida foi adoecendo a cada dia e definhando aos poucos. Mesmo com todos os cuidados que ele tinha com ela, a jovem não resistiu e em pouco tempo partiu para o outro da vida, deixando o caminho livre para mim, assim eu acreditava, já que a outra esposa era uma sonsa, tanto que ficou grávida por descuido dela mesma. Eu acreditava que ela era sonsa!

Então chegou a hora que eu tanto esperava, fui a preferida dele por muito tempo, mas ele sabia com quem estava lidando e que eu não era flor que se cheirasse. Por um longo período ele procurou saber sobre a morte de sua jovem, bela e preferida esposa, pois esta ele realmente amava. Até que em uma maldita noite, ele, com sua lábia de homem de grandes posses e muito sedutor, me cobriu de paparicos e, é claro, de muito ouro. Ele me disse que aquela noite era muito especial e por isso havia levado bons vinhos para bebermos juntos e que eu era sua única e amada esposa. Então, entre muitas joias e objetos em ouro, sedução e bons vinhos, fiquei embriagada e me sentindo única e amada por ele. Não que eu o amasse, pois na verdade nunca o amei e também nunca soube o que era o amor enquanto vivi na carne. Só queria o mérito de esposa preferida e de ter todos os presentes somente para mim. O objetivo de Giovani era me seduzir com sua lábia e presentes em ouro e me embriagar, dessa forma ele acreditava que eu dissesse tudo o que ele queria saber, já que desconfiava de que eu tinha culpa na morte de sua jovem, bela e preferida esposa. Eu que me sentia esperta, perigosa e venenosa, embriagada, sob a sedução daquele homem e, entre muitas joias e objetos em ouro, fui me entregando a ele e respondendo a todas as suas perguntas, entre elas contei-lhe tudo o que fiz para me livrar da sua esposa preferida.

Eu estava muito feliz em receber tantos mimos e presentes em ouro, mas estava tão embriagada, que acabei adormecendo profundamente ali mesmo na cama e toda coberta por joias e objetos em ouro, objetos esses que me fascinavam.

Acordei na manhã seguinte me sentindo mal e um tanto zonza. Giovani não estava mais lá na cama comigo, tinham apenas várias joias, objetos em ouro espalhados pela cama e algumas garrafas de vinho vazias. Não me lembrava com nitidez do que havia acontecido, os meus pensamentos estavam um tanto embaralhados. Foi então que a outra esposa dele, a que eu acreditava ser apenas um enfeite ali, pois ela me parecia muito sonsa, entrou em meu quarto, sorriu e zombando de mim disse-me:

– De nada adiantou se tornar cúmplice de Giovani, de nada adiantou os seus atos cruéis, nem tudo de mal que fez em nome dele ou em seu próprio nome por pura maldade, nada disso fez de você única e preferida na vida dele. Entre muitas maldades suas, sei o que fez para minha criança não nascer e quase acabou com minha vida. Por ter sofrido tanto com a perda da minha criança e por quase ter perdido minha vida, me tornei forte e passei a observar cada passo seu, cada atitude sua. Sei de muitos atos horríveis que cometeu, assim como sei a maldade que fez com a esposa preferida de Giovani. Ontem à noite quando ele veio para seu quarto cheio de joias, objetos em ouro e bons vinhos, ele já sabia o que você fez com sua esposa preferida, mas agiu dessa forma pois queria sua confissão. Como ele sabe que você não resiste a presentes em ouro, ele resolveu seduzi-la, enchê-la de presentes e embriagá-la para arrancar a verdade de sua boca. E digo-lhe, você é uma serpente que usa duas pernas para viver entre os humanos, mas neste momento prova o sabor do seu próprio veneno. A partir de hoje, serei eu a única na vida de Giovani, pois nessa casa outra mulher não entrará, minhas artimanhas femininas para tê-lo ao meu lado são diferentes das suas, porém mais eficazes – ela sorriu novamente zombando de mim, acenou com a mão e disse-me: "Boa sorte, serpente", e se retirou.

Não tive tempo nem para entender o que estava acontecendo, pois no mesmo instante os capangas de Giovani entraram no quarto e, com muita brutalidade, foram me arrastando para fora dele. O que mais tenho permissão para relatar neste momento sobre minha última reencarnação é que nesse dia fiz minha passagem para o outro lado da vida e não mais enxerguei o rosto do maldito Giovani.

Como o fato da minha passagem ocorreu? Se um dia o Criador permitir, eu relatarei toda minha trajetória de vida na carne e em espírito e a levo para o meio humano. Muito já trilhei em minha caminhada até aqui e, a partir de hoje, já tendo cumprido meus débitos com a lei e já estando com meu espírito curado e equilibrado, eu começo uma nova caminhada junto ao Senhor dos domínios do ouro. Agradeço-lhe por ter resgatado, curado e equilibrado meu espírito e por ter me trazido à razão, mas agora curada e equilibrada, por desígnios do Criador, eu volto aos domínios do ouro e lá serei preparada pelo grande e poderoso Senhor do ouro e seus poderosos mistérios, atuarei junto a ele em seus sagrados domínios à esquerda do Criador.

Então, ela se dirigiu à divindade de direito para pedir permissão para se retirar. Ela foi conduzida com muito respeito por muitos de nós para o nosso canto de pouca luz e energia diferenciada, ali nos campos dos aprendizados maiores e, após estar preparada, ela agradeceu a todos e, sem passar entre os iluminados, partiu para ali não mais voltar e foi para os domínios da esquerda do Criador para ser uma servidora da Luz e da Lei nos poderosos domínios do ouro. Hoje sabemos que ela é uma grandiosa, respeitada e poderosa Senhora atuante da Luz e da Lei no lado esquerdo do Criador, no poderoso domínio do ouro. E digo-lhes: todas as vezes que tenho árduos trabalhos a serem realizados entre os encarnados e que se faz necessário o auxílio do povo da esquerda do Criador, entre outros que sempre estão prontos a me auxiliar, está a grandiosa, poderosa e respeitada Senhora dos domínios do ouro que nunca me nega sua ajuda.

Fiquei mais um tempo trabalhando e ajudando os irmãos que ali chegavam precisando de minha assistência e assim sempre ampliando meus conhecimentos e evoluindo em espírito.

Houve um momento em que se aproximaram de mim várias divindades das que ali trabalhavam e auxiliavam os menos evoluídos e uma delas me disse:

– Está pronta para assumir seu grau e degrau diante do Criador, mas todas as vezes que se fizer necessário, aqui voltará para auxiliar e curar os seus irmãos em qualquer campo em que estejam deficientes e passar ensinamentos aos que menos sabem em todos os campos que se fizer necessário, além de também aprender sempre mais com os mais sábios, pois assim o nosso Criador designou, é só dessa forma que podemos crescer e evoluir, sempre auxiliando e buscando conhecimento todos os dias de nossas vidas em espírito. Assim deveriam agir os que ainda vivem na carne, mas são poucos os que buscam conhecimento para crescer e evoluir, poucos também são os que auxiliam e ensinam os que menos sabem. Muitos vivem presos à escuridão de seus pensamentos e sentimentos e afundados em sua ignorância, passam todo o tempo que o Criador lhes permite viver na carne sem nunca ter buscado evoluir e crescer diante de si mesmo e do nosso Criador.

Após pronunciar essas sábias palavras, elas fizeram um círculo à minha volta e, entre as divindades do círculo estava meu velho, amado e sábio pai. Foi um belo ritual, no qual me inundaram de energias e vibrações luminosas. Quando terminaram aquele bela cerimônia, todos se despediram de mim com muita energia, vibrações luminosas, luz e alegria, pois assim ficamos cada vez que um de nós alcança a evolução necessária para assumir seu trono diante do Criador.

Apenas meu velho, amado e sábio pai não se despediu de mim naquele momento. Ele segurou em minhas mãos e disse-me:

– Acompanharei você até seu campo de forças e só após esse ato é que sigo para ocupar meu trono diante do Criador.

Agradeci a todos com muito amor e respeito e fui me retirando em companhia de meu pai. Digo meu pai, pois ele foi meu velho, amado e sábio pai enquanto vivi na carne e continuou sendo em minha vida em espírito. Como amei, amo e amarei esse iluminado, sábio e bondoso espírito!

Ao chegar ao imenso portão dos campos dos aprendizados maiores e já me retirando, grande foi a minha alegria e emoção. Quem estava no portão cheio de amor e de alegria, aguardando-me para me acompanhar até meu campo de forças? O belo, doce e poderoso Anjo das Cachoeiras, o meu eterno, grandioso e poderoso amigo Caboclo Arranca Toco e minha amada, bondosa, magística e sábia dona Kalizê e mais dois irmãos iluminados que fizeram parte da minha vida terrena, o senhor Sebástian e seu filho, o que era portador de uma deficiência física enquanto viveu na carne em sua última reencarnação. Ele foi um dos primeiros seres humanos que meu pai me ensinou a respeitar por ser diferente de mim.

Hoje eu sei que a maior deficiência é a do espírito, da alma daqueles que vivem na carne e não sabem amar, não sabem respeitar nem ajudar seu semelhante e passam toda sua vida terrena sem ter vivido um só dia.

O senhor Sebástian ainda tinha um pouquinho de sua fisionomia humana, já seu filho estava totalmente mudado; ele tinha naquele momento fisionomia e aparência suaves e cheias de luz, não possuía nenhuma deficiência. A deficiência que ele levou para a carne em sua última reencarnação foi apenas no corpo carnal e, por mistérios da lei divina, ele precisava viver aquela deficiência física para sua evolução.

# Capítulo 16

## Ocupando o grau e degrau diante do Criador

Foi com muita alegria que, em alguns instantes, eu e meus companheiros já estávamos perante a natureza em meio às matas, às florestas, aos pássaros, aos riachos, às flores e às folhas semissecas.

Após eu já ter ocupado meu grau e degrau diante do Criador, o poderoso Caboclo Arranca Toco se despediu de mim com um forte e carinhoso abraço, eu mais uma vez lhe agradeci por todos os seus ensinamentos e por sua dedicação e amparo em minha caminhada terrena e em espírito. Ele me beijou as mãos, retirou-se em seguida e foi ocupar seu trono diante do Criador. O senhor Sebástian e seu filho também se despediram de mim com um forte e carinhoso abraço. O Senhor Sebástian não usava essa designação, pois esse foi seu nome quando viveu na carne em sua última reencarnação. Ele, no outro lado da vida e já ocupando seu trono diante do Criador, era clamado, conhecido e respeitado por nós e por alguns encarnados que buscam evoluir como Guarapuru, alguns o chamavam Seu Guarapuru, outros Pajé Guarapuru. Ele atua em vários campos e mistérios, é dono de uma grande falange à qual seu filho da vida terrena faz parte. São conhecedores de muitos mistérios divinos com os quais realizam grandiosos e poderosos trabalhos em prol dos encarnados e também dos espíritos que precisam de seu auxílio e que são merecedores. Grande respeito eu tenho por ele e por toda sua falange.

Então chegou a hora de meu velho, amado e sábio pai se retirar. Ele segurou suavemente as minhas mãos, abraçou-me com ternura e disse-me:

– Que o Criador e todas as divindades de Luz a abençoem para que cresça e evolua mais a cada instante e, sempre que necessário for, estarei contigo para juntos trabalharmos em benefício dos nossos irmãos necessitados. Você é a filha que todo pai encarnado ou não desejaria ter!

Eu muito lhe agradeci e beijei suas mãos com todo amor e respeito que sempre tive por ele, tanto quando vivemos na carne como em espírito. Ele se retirou e foi ocupar seu trono diante do Criador. Por todos nós em espírito e por muitos dos encarnados que buscam conhecimento, ele é conhecido, amado, respeitado e clamado como o bondoso, dócil, poderoso e sábio Pai Joaquim da Aldeia. Dono de uma imensa sabedoria e conhecedor de poderosos mistérios divinos, realiza grandiosos e poderosos trabalhos em qualquer canto que seja necessário e está sempre presente nas aldeias, matas e florestas. Ele não nega auxílio nem ensinamentos a todos que, com fé e respeito, clamam por ele.

Chegou a hora da minha amada dona Kalizê se retirar. Ela me abraçou e, antes que pronunciasse qualquer palavra, me ajoelhei em seus pés e, por muitas vezes, lhe agradeci por tudo o que fez por mim na carne e em espírito, pois são poucos os encarnados os quais o Criador dá a honra de ter como protetor um espírito como ela, com tanta luz, bondade e sabedoria e que se materializou para me acompanhar em minha missão terrena. A mim o Criador concedeu a bênção de ter dois grandiosos espíritos iluminados, bondosos e sábios que se materializaram para me proteger e me amparar em minha caminhada terrena e em espírito.

Ela me segurou pelos ombros, levantou-me e me abraçou de novo, sorriu discretamente e disse-me:

– Sempre que necessário for, estarei contigo para, juntas, ajudarmos nossos irmãos merecedores do nosso auxílio, pois com os poderosos mistérios que trago comigo, juntamente com os poderes dos mistérios contidos em você, combatemos qualquer mal!

Ela se retirou, deixando uma energia suave e muito iluminada, e foi ocupar seu trono diante do Criador. O sagrado nome pelo qual ela é conhecida, clamada, amada e respeitada por todos nós, eu não tenho permissão para dizer-lhes, apenas digo que ela é uma bela, bondosa, grandiosa e poderosa Cigana que leva consigo o amor, a alegria, a liberdade, a bondade, a magia, o respeito e a sabedoria. É conhecedora de muitos mistérios divinos, entre eles os sagrados mistérios dos encantos e da magia. Com sua sagrada falange, ela é clamada, respeitada, amada e cultuada entre nós e entre muitos dos encarnados, pois muitos conhecem ou já ouviram falar sobre o seu amado, alegre, bondoso, amoroso, magístico e sábio povo. Um povo que existiu, existe e sempre existirá; seja nas estradas do Oriente ou em qualquer lugar que esteja seu amado povo cigano, ela estará presente levando seus ensinamentos, amor, bondade, liberdade, respeito, magia e muita alegria. Seus campos de força, além das estradas, estão em meio à natureza, ou em qualquer lugar que ela seja clamada, oferendada com fé, amor e respeito. Essa bela e poderosa cigana e seu amado povo merecem todo nosso amor e respeito!

Ficamos eu e o belo Anjo das Cachoeiras, mas já era hora de ele também partir. Ele me segurou pelas mãos e, por mistérios contidos em nós, dali nos retiramos e fomos visitar todos os locais por onde onde vivemos juntos em nossa última reencarnação, e por todos os lugares que passamos, levamos a paz, o amor e alegria para todos que lá viviam, mesmo sabendo que nenhum deles nos enxergava, não sabia da nossa existência nem do nosso auxílio. Juntos realizamos grandiosos trabalhos em meio aos humanos, e com os poderosos mistérios contidos em mim e em minhas sagradas mãos da cura pude ajudar muitos encarnados que naquele momento precisavam da cura para seus males. Do meio humano nos retiramos e, no caminho, fomos socorrendo os irmãos que, por sua ignorância, se perderam no astral. Após esse grandioso e abençoado ato, fui eu quem acompanhou o belo Anjo das Cachoeiras até seu campo de forças. Lá chegando, ficamos em silêncio por alguns instantes sentindo a poderosa energia daquele abençoado lugar em meio à natureza. Então já era hora de me despedir dele, nos abraçamos com muito amor e respeito e nos despedimos, mas todas as vezes que cuido dos irmãos encarnados ou não e que estejam deficientes no mais belo dos campos, o campo do amor, é sempre meu belo e poderoso Anjo das Cachoeiras quem me auxilia.

Dali me retirei, deixando minhas energias e vibrações iluminadas e levando as dele comigo, pois o amor entre nós dois, o qual não se compara ao amor dos encarnados, é eterno, pois assim o nosso Criador designou.

# Capítulo 17

# A Sagrada Cabocla do Oriente e seus poderosos mistérios

Ao me retirar dos campos de forças do belo Anjo das Cachoeiras, eu já sabia que havia um irmão encarnado fazendo uma oferenda em um canto do meu campo de forças e suplicando a cura de uma grave doença em um de seus órgãos internos. A fé desse encarnado e a vontade que ele tinha de viver eram muito grandes e, por ser merecedor, o Criador me permitiu curá-lo ali mesmo. Como é grandioso poder ajudar um irmão! Diante do irmão que fazia a oferenda, sem que ele me enxergasse, pois ele não possuía o dom da visão, eu coloquei meus joelhos sobre o solo, bati com as mãos em punho e braços cruzados sobre meu peito e soltei meu grito de guerra; foi tão forte o meu grito de guerra em meio à mata que sacudiu as árvores ali contidas, enquanto folhas delas caíam sobre o solo e muitos pássaros voavam e cantavam como se fizessem uma melodia enquanto eu auxiliava aquele irmão. Após esse grandioso processo de cura, o qual o Criador me permitiu realizar, aquele irmão foi atendido em seus pedidos e recebeu imediatamente a cura que ele tanto suplicou com fé e desejo de viver, pois essa bênção o Criador deu a ele e a mim.

Nos dias de hoje, graças à busca de conhecimento de alguns irmãos encarnados, já sou conhecida entre eles, mas mesmo que falem pouco sobre mim, eu sempre estive, estou e estarei presente entre eles.

Digo-lhes: todas as vezes que sou clamada entre os encarnados em meio às matas, em um Templo, em uma casa ou em qualquer canto que se trabalha para a Luz e dentro das Leis Divinas em prol de si ou de seus semelhantes, presente eu estarei com a permissão do Criador e juntamente com os meus iluminados auxiliares, para realizar grandiosos trabalhos, entre eles levar a cura das doenças do espírito e matéria de todos que são merecedores. Mas como citei, presente eu estarei se trabalharem para a Luz e dentro das Leis divinas, pois, do contrário, eu também sou conhecedora dos mistérios da lei do retorno e sei usá-los quando necessário. Trago comigo as mãos da cura, os mistérios das ervas, os do conhecimento, os mistérios da magia e muitos outros mistérios que o Criador me permitiu conhecer e absorver. Entre meu amado povo do lado espiritual e entre os encarnados que buscam conhecimento e evolução, sou conhecida, respeitada e clamada como A CABOCLA DO ORIENTE, sou conhecedora de poderosos mistérios e também trago comigo o amor, a alegria, a bondade, a magia, os encantos e a sabedoria do Sagrado Povo Cigano do Oriente. Os meus auxiliares se misturam entre os Caboclos das Matas e Ciganos do Oriente, eles são conhecedores de grandes e poderosos mistérios divinos. Eu uso meu arco e flecha e meu belo penacho de cabocla, mas também não abro mão de uma bela, rodada e colorida saia de cigana! Aqueles que o Criador presenteou com o dom da audição, se entrarem em meio às matas, me oferendarem e clamarem por mim perante o Criador, ouvirão meus passos sobre as folhas semissecas, o canto dos pássaros fazendo melodia, o som dos ventos tocando as folhas das árvores e também o ecoar do meu poderoso grito de guerra no qual tenho a permissão do Criador para quebrar, desmanchar, diluir, anular e purificar muitas vibrações, ações e energias negativas e enfermiças contidas em todos os presentes, em suas casas e em todos os seus entes queridos. Nesse poderoso grito de guerra, eu também tenho permissão do Criador para curar e encaminhar muitos irmãos precisados de socorro, pois esses poderosos mistérios Ele também me permitiu conhecer.

Tudo o que me foi permitido relatar sobre a minha trajetória de vida na carne e de vida em espírito termina aqui. Deixo a minha bênção a todos os que creem no Criador, na criação e Sua Lei Divina.

# Anexos

# Oferenda à Sagrada Cabocla do Oriente

Em qualquer dia, em qualquer horário, pegue um recipiente de barro e macere dentro dele, com um copo de água limpa, alecrim, arruda, hortelã, manjericão, alfavaca, rosas brancas e alfazema. E também:
    Um coco verde aberto contendo a água dele
    Um recipiente de barro contendo caldo de três laranjas
    Um vaso de flores do campo coloridas
    Um cacho de uva roxa
    Um potinho com mel
    Uma vela branca
    Uma vela verde
    Uma vela dourada
    Uma vela azul-marinho
    Uma vela amarela
    Uma vela azul-clara
    Uma vela vermelha

Dirija-se até uma mata, peça licença, ajoelhe-se sobre o pé de uma árvore. Faça a oferenda e também seus pedidos. Entre eles, peça a cura para seus males do espírito e da matéria. Peça tudo com fé, amor e respeito e, se for merecedor, presente eu estarei designada pelo Criador para auxiliá-lo(a).

# Prece à Cabocla do Oriente

Sagrada Cabocla do Oriente, a Senhora que traz consigo as forças dos mistérios das ervas, matas e florestas, que é conhecedora dos mistérios da magia e dos encantos do Povo Cigano do Oriente e que atua na cura do espírito e da matéria dos encarnados e que cura também os espíritos doentes do astral: eu lhe peço e lhe clamo, Sagrada Cabocla do Oriente, que a Senhora traga a cura para todos os males que atingem meu espírito e minha matéria. Cure as minhas mágoas, minhas angústias, minhas tristezas, minhas dores e meus tormentos. Cure também minha arrogância, meu ego e minha ignorância, pois eles me impedem de ir em busca do conhecimento e da evolução. Que no ecoar do seu poderoso grito de guerra, sejam quebradas, diluídas, anuladas e purificadas todas as energias, vibrações e ações negativas e enfermiças que, por alguma razão, envolvem meu corpo e meu espírito. Cura as minhas ilusões mentais e me traga à razão e ao equilíbrio; que sejam partidos todos os elos das correntes que me aprisionam aos vícios, ao ódio e à escuridão do meu próprio íntimo. Livra-me dos pensamentos e sentimentos negativos. Ajude-me a ultrapassar os obstáculos de meus caminhos e me fortaleça diante das minhas fraquezas.

Sagrada Cabocla do Oriente, eu lhe clamo e lhe peço que, nas forças dos mistérios das ervas e da magia, sejam recolhidos, curados e encaminhados todos os espíritos negativos que estejam alojados em meus campos espiritual, material, em minha casa e em minha família. Que nas essências de suas ervas e com suas sagradas mãos, sejam curadas todas as doenças de meus órgãos internos e externos. Sagrada Cabocla do Oriente, eu lhe peço também que nas forças e nos poderes dos mistérios das matas e florestas seja curado todo negativismo que envolve o corpo, o espírito e os campos dos meus inimigos para que, restabelecidos, eles busquem o conhecimento e a evolução e não mais me atinjam com atos, pensamentos e palavras.

Sagrada Cabocla do Oriente, eu lhe agradeço e lhe peço a sua bênção, o seu amparo e a sua proteção divina em todos os dias da minha vida na matéria e no espírito. Que assim seja. Amém.

Salve a Sagrada Cabocla do Oriente!

# Amaci para limpar a coroa, trazer equilíbrio e bons pensamentos

Acenda uma vela branca e ofereça ao Povo do Oriente e faça uma prece de sua preferência.

Macere hortelã e rosas brancas, cubra com água de coco e deixe por sete horas. À noite, pegue com as mãos somente o hortelã e as rosas brancas e guarde a água de coco; coloque sobre a coroa o hortelã e as rosas brancas; cubra-a com um lenço branco e durma. No dia seguinte dispense o hortelã, as rosas brancas e a água de coco em água corrente, pedindo licença, pois sempre que entramos em meio à natureza, colocamos ou retiramos algo dela, é sempre pedindo licença!

# Banho para iluminar, energizar e abrir caminhos

3 rosas brancas
3 rosas amarelas
3 paus de canela
9 semente de romã

Na primeira noite de lua cheia, faça o banho do pescoço para baixo. Após terminar de fazer o banho, acenda uma vela colorida e ofereça aos ciganos dos sete caminhos, pedindo todos os benefícios necessários para sua vida.

# Chá para trazer a calma

Cascas de uma maçã
Um ramo de melissa
Uma rosa branca de jardim.
Ferva por três minutos apenas as cascas da maçã.
Desligue o fogo e coloque a melissa e a rosa branca.
Cubra com um pano e deixe por alguns minutos.
Após esse processo, estará pronto para ser ingerido.
Adoce com mel, ou se preferir, não adoce.

# Banho para uma boa noite de sono e de proteção espiritual

Ferva em um recipiente dois litros de água.

Após a água ferver, desligue o fogo e coloque dentro do recipiente:

3 colheres de sopa de calêndula

3 rosas brancas de jardim

3 colheres de sopa de mel

Deve ser feito da coroa para os pés.

Após terminar de fazer o banho, acenda uma vela branca e ofereça ao seu Anjo da Guarda.

# Agradecimento às Sagradas Divindades e à poderosa corrente do Povo Cigano do Oriente

Sagradas Divindades e poderosa corrente do Povo Cigano do Oriente, de joelhos, diante de vocês, eu lhes agradeço pelas suas bênçãos e pelo seu auxílio divino, por curar as minhas doenças, me encorajar diante dos meus medos, me dar fé nos momentos das minhas dúvidas e por me ajudar a ultrapassar cada obstáculo em minha caminhada terrena. Pois acredito que em todos os obstáculos dos meus caminhos, vocês estão presentes ao meu lado, auxiliando-me, amparando-me e me dando a sabedoria necessária para eu vencer.

Agradeço-lhes também por tantas vitórias alcançadas e por todas as bênçãos que de vocês recebo todos os dias, as que são visíveis aos meus olhos humanos e as que são ocultas a eles.

# MADRAS® Editora

Para mais informações sobre a Madras Editora,
sua história no mercado editorial
e seu catálogo de títulos publicados:

Entre e cadastre-se no site:

www.madras.com.br

Para mensagens, parcerias, sugestões e dúvidas, mande-nos um e-mail:

marketing@madras.com.br

**SAIBA MAIS**

Saiba mais sobre nossos lançamentos,
autores e eventos seguindo-nos no facebook e twitter:

@madrased

/madraseditora